Hillen — einst Bauernschaft, Acker- und Weideland — heute modernes Wohngebiet:
Dazwischen liegen Jahrzehnte gesunden Wachstums und starker Besiedlung.
Die Stadtsparkasse Recklinghausen trägt der kreditwirtschaftlichen Versorgung in Recklinghausen-Ost/Hillen mit drei Zweigstellen Rechnung.
Dieses Buch, dessen Entstehung wir gern unterstützt haben, überreichen wir mit freundlicher Empfehlung.

Ihre

Stadtsparkasse Recklinghausen

HILLEN · Höfe – Häuser – Hügel

HILLEN

Höfe – Häuser – Hügel

Zur Geschichte
des Recklinghäuser Stadtteils Ost

Verlag Rudolf Winkelmann, Recklinghausen

ISBN 3-921052-14-9
© 1984 Verlag der Buchhandlung Rudolf Winkelmann, Recklinghausen.
Alle Rechte vorbehalten.
Redaktion: Kurt Siekmann.
Herstellung: Druckerei Klemens Bauer, Recklinghausen.
Titelzeichnung: Albert Beer.
Kartographie: Amt für Vermessung und Stadterneuerung der Stadt Recklinghausen.
Fotos: Hugo Berger, Werner Brockerhoff, Hans-Georg Kollmann, Kreispressestelle, Photo-Röttger, privat, Joseph Rosenkranz, Staatsarchiv Nordrhein-Westfalen, Münster, Stadtarchiv Recklinghausen, Marcus Werners.
Printed in Germany.

Vorwort

Aus dem ehemaligen Hillen, dem einstigen „Hilinon", einer alten Bauerschaft, ist Recklinghausen-Ost geworden, ein moderner Ortsteil, der durch die umfangreiche Bebauung in den letzten zwanzig Jahren, insbesondere auf dem Quellberg bis hin zur Castroper Straße, seine jetzigen Konturen und Strukturen gewonnen hat. Diese Bauentwicklung hat das Gesicht dieses Recklinghäuser Stadtteils entscheidend verändert. Wo vor etlichen Jahren sich noch Äcker und Weiden erstreckten, stehen heute Wohn-, Geschäfts- und Verwaltungsbauten.

Inzwischen wohnen rund 16 Prozent aller Recklinghäuser in Ost, das sind mehr als 20 000 Menschen.

Der Zuzug vieler Neubürger und die geschichtlichen Wandlungen dieses Raumes bewogen 1981 den Verkehrs- und Verschönerungsverein Ost-Hillen, Zugereisten und Alteingesessenen nähere Informationen über diesen Lebensraum zu vermitteln. Das Ergebnis dieser Überlegungen liegt mit diesem Buch vor.

In dem hiesigen Buchhändler Rudolf Winkelmann fand der Verein erfreulicherweise den Verleger, der hiermit seine Reihe Recklinghäuser Stadtteilbücher fortsetzt. Unser Buch fügt sich nach Inhalt und Ausstattung gut in diese Buchreihe ein, obschon damit der Umfang von vornherein begrenzt war.

Dank eines größeren Autorenteams sach- und fachkundiger Kenner der Materie ist dennoch ein Buch entstanden, das Ost/Hillen erstmals von seinen Anfängen bis zur Gegenwart in dieser Ausführlichkeit und Dichte der Öffentlichkeit präsentiert. Viel Neues wird berichtet. Zum erstenmal werden die historischen Ursprünge dieses Stadtteils nach neuesten wissenschaftlichen Untersuchungen publiziert, also ein wesentlicher Beitrag zur Stadtgeschichte insgesamt. Wenn einzelne Themen nur gestreift werden konnten oder gar unberücksichtigt bleiben mußten, so lag dies am Zwang der Gegebenheiten, oft auch am Mangel sicherer Quellen. Wir bitten dafür um Verständnis.

Gleichwohl hoffen wir, im Sinne unserer Vereinsaufgaben gehandelt zu haben, und wünschen uns einen aufgeschlossenen Leserkreis.

Allen, die uns bei der Planung und Herstellung dieses Buches geholfen haben, darunter auch viele Oster Bürger mit wertvollen Hinweisen und Auskünften, danken wir ganz herzlich. Zu besonderem Dank sind wir der Stadtsparkasse Recklinghausen für deren freundliche materielle Unterstützung verpflichtet.

Recklinghausen, im Oktober 1984

Verkehrs- und Verschönerungsverein Ost-Hillen

Joseph Rosenkranz　　　　　　　　　　　　　**Willi Stranghöner**
　1. Vorsitzender　　　　　　　　　　　　　　　*Geschäftsführer*

Inhalt

Vorwort 5

Von Hilinon zu Ost 9
    Von Dr. Werner Burghardt und Liselotte Burghardt

Die Besiedlung von Hillen und Berghausen 43
    Von Adelheid Kollmann

Landwehren in Recklinghausen Ost 76
    Von Burkhard Reisige

Kirchen in Ost/Hillen 82

    Die katholische Kirchengemeinde Liebfrauen 82
        Von Hugo Berger

    Die evangelische Kirchengemeinde Ost-Quellberg ... 95
        Von Parrer Ulrich Weingärtner

    Evangelisch-Freikirchliche Gemeinde,
    Friedenskirche 97
        Von Pastor Willy Müller

Schulen in Hillen und Ost 99
    Von Gert Dieter Dunke

Kulturelles Leben 114
    Von Kurt Siekmann

Die Vereine im Stadtteil 118

    Die Schützen 118
        Von Willi Sanders

    Die SG DJK RW Hillen 1921/49 e.V. 120
        Von Klaus Rosenkranz

Der Verkehrs- und Verschönerungsverein 123
  Von Willi Stranghöner

Von der Bauernschaftswehr zur
Freiwilligen Feuerwehr 124
  Von Theodor Peters

Die politischen Parteien 129

  Die SPD seit 1946 129
    Von Gert Dieter Dunke

  Die CDU seit 1946 134
    Von Wolfgang Pantförder

  Liberale in Ost 138
    Von Gert Dieter Dunke

Handel – Handwerk – Industrie 140

  Die Wirtschaftsstruktur 140
    Von Jochen Welt

  100 Jahre Schlegel-Brauerei 147
    Von Kurt Parbel

  Das Eisenbahn-Ausbesserungswerk (AW) 154
    Von Gerd Dieter Dunke

  Das Straßenbahndepot 159
    Von Gert Dieter Dunke

Die Straßen und ihre Namen 162
  Von Joseph Rosenkranz

Quellen und Literatur 166

Von Hilinon zu Ost

Von Dr. Werner Burghardt und Liselotte Burghardt

Das Alter Hillens

Seit Pennings (Geschichte der Stadt Recklinghausen, Band 1, Seite 51 u. 83) schien die Frage gelöst zu sein, wer älter ist, Hillen oder Recklinghausen. Er hielt Recklinghausen für jünger als Hillen; denn der Name „Westrem", eine Siedlung auf dem Gelände des heutigen Neuen Prosperhospitals, der 1241 als „Westerheim" begegnet und soviel wie Herdstelle oder Siedlung im Westen bedeutet, habe seinen Namen nicht von Recklinghausen aus erhalten. Der Name sei von der Bauerschaft Hillen aus gegeben worden, von wo gesehen die ehemalige Siedlung nach Westen liege. Hiermit stimme überein, daß der Name Recklinghausen deutlich auf eine spätere Zeit hinweise. Pennings dachte dabei an die -hausen – Ortsnamen, die gegenüber den -heim – Namen einer etwas jüngeren Sprachgeschichte angehören.
Inzwischen haben Sprachwissenschaftler herausgefunden, daß bei altem Königsgut auftretende, – und Recklinghausen ist aus einem fränkischen Königshof entstanden – aufeinander abgestimmte Namengruppen wie Ostheim oder Westheim, auf fiskalischer Namengebung beruhen, eine Namengebung von einem bestimmten Mittelpunkt aus voraussetzen. Solche Namen wie Westerheim können also auf eine amtliche Namengebung für Gründungen hindeuten, in denen die Sprachwissenschaftler an die ordnende Hand der fränkischen Verwaltung denken, die viel von den Römern gelernt hatte und die vor Eingriffen in die Volkssiedlung nicht zurückschreckte. Auch diese -heim – Orte liegen auf fruchtbarem Boden, bleiben aber an Güte der Stelle und Bedeutung etwas zurück und haben zuweilen auch nicht ein so hohes Alter. Vorausgesetzt die Namengebung „Westerheim" ist tatsächlich von Recklinghausen aus erfolgt, dann ließe sich daraus lediglich schließen, daß Hillen bereits bestanden haben muß, als die Namengebung geschah, nicht aber, daß Hillen älter als Recklinghausen ist.

Aber auch diese Überlegungen scheinen bereits wieder überholt zu sein. 1984 hat Herjo Frin eine Untersuchung über die Genealogie des vestischen Adelsgeschlechtes von Westerholt veröffentlicht, in der er eine Urkunde aus dem Jahre 1193 anführt, die „Hermannus de Westerheim et fratres eius Johannes de Westerholze et Theodoricus" erwähnt. Da nichts für eine Ordensbruderschaft spricht, muß es sich nach Frin um leibliche Brüder gehandelt haben. Frin zeigt an ausgewählten Beispielen aus der näheren Umgebung, daß ein Namenwechsel bei Veränderungen des Stammsitzes in jener Zeit nicht ungewöhnlich ist. Damit ist die Beweisführung Pennings, der Name „Westerheim" sei von der Bauerschaft Hillen aus gegeben worden, vollends nicht mehr haltbar.

Es darf aber vermutet werden, daß die Bauerschaft Hillen auf ein hohes Alter zurückblicken kann. Die zahlreichen Friedhöfe der Bronzezeit (1700 - 700 v. Chr.) zeigen, daß das Kreisgebiet Recklinghausen relativ dicht besiedelt gewesen sein muß. Das Vorkommen dieser Friedhöfe auf den sandigen Böden beiderseits der Lippe und südlich der Haard weist darauf hin, daß man bevorzugt leichte Böden besiedelte, die vermutlich mit Hakenpflügen bearbeitet wurden.

Das genaue Alter Hillens läßt sich allerdings nicht mehr feststellen. Die Urnenfunde auf dem Gelände der ehemaligen Schulteschen Ziegelei, die Pennings (a.a.O. Bd. 1, S. 27, 51) lediglich aus zweiter Hand ohne genaue Beschreibung des Materials, der Formen und Verzierungen der Urnen mitteilt, sind von ihm in keine Zeitepoche eingeordnet worden; die wissenschaftliche archäologische Literatur verzeichnet das Fundmaterial an keiner Stelle. Diese materielle Hinterlassenschaft aus einer schriftlosen Zeit bringt also kein Licht in das Dunkel der Zeit.

Zu relativ gesicherten Aussagen können wir da kommen, wo Nachrichten durch archivalische Quellen vorliegen. Solche Quellen jedoch beginnen in Recklinghausen erst sehr spät zu fließen, teilweise so spärlich, daß manche Fragen offenbleiben müssen.

1050: Erste urkundliche Erwähnung eines Hofes in Hillen

Die Benediktinerabtei Werden an der Ruhr, die 799 n. Chr. vom hl. Ludgerus, dem ersten Bischof von Münster, gegründet und 886 zur freien Reichsabtei erhoben worden war, gehörte zu einer derjenigen Grundherrschaften, die auch im Vest Recklinghausen durch Kauf, Schenkungen und Tausch reichen Besitz erwerben konnten. Bereits im ersten Jahrhundert ihres Bestehens besaß sie die Höfe Helderinghausen (seine Lage wird in einer Urkunde von 1366 vor dem Viehtor der Stadt Recklinghausen angegeben) und Arenbögel bei Osterfeld. Die Verwaltung des sich ständig mehrenden Besitzes der Abtei geschah anfangs nicht durch Fronhöfe, sondern nach Hebeamtsbezirken, von denen es um 900 etwa sieben gab. Die Besitzungen der Abtei Werden im Vest lagen über das ganze Vest verstreut, das zum Hebebezirk des Brukterergaues gehörte. Gegen Ausgang des 10. Jahrhunderts entwickelte sich eine Gesamtverwaltung durch Fronhöfe, von denen die Abtei Werden im 11. Jahrhundert im Vest Recklinghausen drei besaß: Helderinghausen, Waltrop-Marten und Arenbögel-Hillen. Arenbögel-Hillen und Waltrop-Marten bildeten je einen Fronhofsverband mit einem Villicus oder Schulzen an der Spitze. Arenbögel und Marten waren Haupthöfe, Hillen und Waltrop dagegen wurden als beigeordnete Höfe mit „territorium" bezeichnet. Die Unterhöfe, die zum „territorium Hillen" gehörten, lagen bei Recklinghausen, Marl, Hamm-Bossendorf, Datteln, Buer und Gladbeck.

Es kann mit Sicherheit angenommen werden, daß der Hof in Hillen schon zur Zeit der Verwaltung nach Hebeamtsbezirken bestand und ihm dann nach Einrichtung der Fronhofsverwaltung die Funktion eines Oberhofes übertragen wurde. Um 1050 wird Hillen in einem Heberegister des Abtes Gerold und in einem Verzeichnis der Herbergen des Abtes zum ersten Mal schriftlich erwähnt, und zwar in der Dativform „Hilinon".

In einem noch älteren Heberegister des Klosters Werden, geschrieben im 9./10. Jhdt., werden auf den Blättern 31 b bis 34 a die Einkünfte im Brukterergau aufgeführt. Dort wird u. a. eine Örtlichkeit „Hulinni" im Kontext mit anderen Örtlichkeiten bei

Wattenscheid erwähnt. Später hat der Abt des Klosters, Heinrich Duden – er war von 1573-1601 Abt –, an den Rand „Hillen" geschrieben, dabei wahrscheinlich an Hillen bei Recklinghausen gedacht und Hüllen nordöstlich von Wattenscheid mit Hillen verwechselt. Auch aus sprachlichen Gründen kann „Hulinni" nicht mit „Hillen" identisch sein. Der Verfasser einer Tafel im Turmzimmer des Emschertal-Museums in Schloß Strünkede, der jene Stelle des lateinischen Textes des Werdener Heberegisters übersetzt hat, irrt hier ebenso wie einst Abt Duden: „Hulinni" ist nicht unser Hillen!

In der zweiten Hälfte des 10. Jahrhunderts bereits war das Klostergut in Abts- und Konventsgut aufgeteilt worden. Die Verwaltung der Güter des Abtes von Werden oblag den beiden Fronhofsverbänden Arenbögel-Hillen und Waltrop-Marten. Die Verbindung der beiden Höfe Arenbögel und Hillen wurde aber im 13. Jahrhundert wieder gelöst. Die Äbte gaben nunmehr ihren Besitz zu Dienstmannrechten Adligen zu Lehen und beanspruchten lediglich eine geringe jährliche Abgabe. 1340 belehnte Abt Johann von Werden den Willeke van Stockum mit dem Hof des Territoriums Hillen, genannt der „epdinchoef" – der Name kommt in unserer Landschaft häufig vor. Er deutet auf Eigentum eines Klosters, eines Abtes hin. Er begegnet uns heute noch in Hillen als Straßenname „Abdinghof" – gegen eine jährliche Pacht von „achte marc penning". Die Vogteigewalt über den Ebdinghof und den Hof Helderinghausen übte zu dieser Zeit Graf Adolf von der Mark aus, ab 1348 Rutger von der Dorneburg. 1360 verkauften die Kinder des Willeken van Stockum den Hof für 400 Dortmundische Mark (eine andere Quelle hat 600) an Sander van Galen auf Haus Herten. 1399 wird sein Enkel Sander mit diesem Hof belehnt, nachdem zuvor Sanders Sohn Rutger auf den Hof verzichtet hatte. 1412 ist Rutger von Galen mit dem Hof in Hillen belehnt, zugleich auch mit dem Oberhof Arenbögel. 1420 besitzt ihn für kurze Zeit Hermann im Broke; denn 1421 hören wir bereits vom Wiederkauf der Hälfte der Güter in Hillen durch die Familie van Galen, die 1443 dann vollends im Besitz des Hofes gewesen sein muß, was die neuerliche Belehnung und der Verkauf einer der Abtei Werden aus dem „Ebdinghof" zu Hillen zustehenden Rente an Sander van Galen beweisen.

Die Familie van Galen hatte im Vest Recklinghausen reichen Besitz an Gütern, davon in Herten zu dieser Zeit allein drei Adelssitze. 1450 legte der o. g. Enkel Sander van Galen in einem gemeinsamen Testament mit seiner Frau fest, daß sein Sohn Rutger den Ebdinghof einmal erben solle. 1458 mußte er den Hof zunächst einmal für 130 Goldgulden verpfänden, für die Pfandinhaber mit der Verpflichtung, dem Abt zu Werden jährlich 12 Goldgulden zu zahlen und dazu noch 40 Malter (128 Zentner) Roggen, 10 Malter (28 Zentner) Gerste und 1 Scheffel (85 Pfund) Weizen zu liefern. Die Höhe der geforderten Abgaben läßt vermuten, daß der Ebdinghof mit seinen Unterhöfen über beachtliche Einnahmen verfügte. Sander van Galen stirbt fast 90jährig im Jahre 1472. Zu diesem Zeitpunt ist der Hof noch verpfändet, auch 1474 ist er noch nicht wieder eingelöst; denn der Schreiber des Registers der Pacht- und Rentenbücher der Abtei Werden klagt, daß man zur Zeit aus dem von Sander van Galen versetzten Hof zu Hillen die der Abtei zustehenden acht Mark nicht erhalte. Im selben Jahr jedoch verkaufte Rutger van Galen, Sanders Sohn, an die Frau des Johann Sobbe, genannt der Gryper, aus seinem Gut zu Hillen eine Rente von 6 Schillingen und 3 Malter Gerste. 1472 schon hatte er 6 1/2 Scheffel Saatland aus dem Judenborner Felde an den Recklinghäuser Bürger Hermann Bischoff verkauft, Land, das in den Ebdinghof gehörte.

Die Familie van Galen war damals als rauflustig bekannt und in viele Händel verstrickt. Es darf angenommen werden, daß sie zur Finanzierung ihrer Streitigkeiten einen Teil des Geldes verwendete, das sie aus dem Erlös der Verkäufe und Verpfändungen der zum Ebdinghof gehörenden Güter bezog. Die fromme Stiftung einer Memoria des Sanders van Galen im Jahre 1458 „Gott zu Lobe und Ehren, den Armen zum Troste und den Seelen zur Seligkeit" für die Pfarrkirche St. Petrus in Recklinghausen kann über die Rauflust nicht hinwegtäuschen; die Stiftung diente wohl eher zur Entlastung des Gewissens. Den Recklinghäusern vermittelt die über die Stiftung ausgestellte Urkunde zugleich eine weitere Nachricht – die älteste ist von 1421 – über eine Schule in der Stadt: denn aus den Einnahmen von 7 1/2 Scheffel Saatland sollte auch der Schulmeister jährlich einen Kölner Wittpfennig beziehen, damit er während der Messe mit seinen Scholaren singe.

Gegen Ende des 15. Jahrhunderts gelangte der Ebdinghof im Erbgang an die reiche Familie Stecke. Rutger von Galens einzige Tochter hatte 1476 Dietrich Stecke geheiratet. Sie brachte Schloß Herten und ihm alle anhaftenden Gerechtigkeiten, zu denen auch der Ebdinghof in Hillen gehörte, mit in die Ehe. Ihr Sohn Hinrik heiratete 1514 Sophie Morrien, starb aber schon drei Jahre später und hinterließ nur eine Tochter mit Namen Anna. Diese Tochter vermählte sich 1529 mit Bertram von Nesselrode, der jetzt Schloßherr in Herten wurde und an den auch der Ebdinghof zu Hillen überging. Die Eintragung in das Pacht- und Rentenbuch des Abtes von Werden im Jahre 1589/90 liefert den Beweis: „... Wilhelm und Bertram von Nesselrode thu Herten sind belehnt mit den have Ebdink thu Hillen mit zugehörigen Gütern, Land und Leuten thu dienstmans-, havescholten- und pachtrechten, Erbpacht 12 goldgulden..." Die eingangs erwähnten Unterhöfe des Hillener Hofes hatten ihre Bindung an die Abtei Werden zu dieser Zeit bereits verloren; die Menschen auf den Höfen waren zu Eigenhörigen der Herren zu Herten herabgesunken.

Es hat den Anschein, daß der Hof in Hillen, dessen ursprüngliche Lage wir aufgrund eines Flurnamens in mehreren Belegen aus dem 17. Jahrhundert, aus dem Schatzungskataster von 1720 und in einer Flurkarte von 1822 auf dem Gelände zwischen Rosenstraße und Liebfrauenstraße annehmen dürfen, im Laufe der Jahrhunderte zwar in den Urkunden und Akten des Klosters amtlich unter dem Namen „Ebdinghof" geführt wurde, bei der einheimischen Bevölkerung aber unter dem Namen „Sanders Hof" bekannt war. Unter diesem Namen erscheint der Hof in den Archivalien der Stadt Recklinghausen, 1532 in der sogenannten Türkensteuerliste, und auch Archivalnotizen aus dem Nesselroder Archiv tragen den Vermerk „Sanders Hof, ehemals Abdinghof zu Hillen". Die beiden Sander van Galen werden es gewesen sein, die dem Hof ihren Namen gaben.

Der Hiller Zehnte

Der Zehnte war ursprünglich eine öffentlich-rechtliche Abgabe an die Kirche, entwickelte sich aber im Laufe der Jahrhunderte durch Belehnungen, Verkauf, Verpfändungen, Verpachtungen u.ä. immer mehr zu einer grundherrlichen Abgabe privatrechtlicher Art.

Unter den geistlichen und weltlichen Grundbesitzern war der Erzbischof von Köln der größte Grundherr im Vest Recklinghausen, bis zum Beginn des 19. Jahrhunderts Empfänger mehrerer Zehnte, zu denen auch der Hiller Zehnte gehörte. Die vom Erzbischof geforderten Zehntabgaben beliefen sich im Vest auf die Erhebung des großen oder Fruchtzehnten vom Getreide, des blutigen oder schmalen Zehnten vom Vieh und des Rottzehnten für die aus Gemeinheiten und Marken ausgerodeten Ländereien. Ein kurfürstliches Edikt aus dem Jahre 1597 bestimmte, daß „ein Jeder von seinem Gewächs, Getreide, Trauben usw. aus göttlichen und geistlichen Rechten Zehnten zu geben hat und (daß) die, welche ihn verweigern, ein sacrilegium begehen". Zehnthinterziehungen konnten mit einer Strafe von 2 bis zu 6 Goldgulden belegt werden, je nach Wirtschaftlichkeit des Hofes. In früheren Jahrhunderten hatten die Kölner Erzbischöfe ihre Zehnten adeligen Häusern zu Lehen gegeben, im 17. Jahrhundert ließen sie die Zehnteinkünfte durch den kurfürstlichen Oberkellner auf der Horneburg meistbietend verpachten.

Von 1332-1371 war der ganze Hiller Zehnte im Lehensbesitz der Herren vom Lüttekenhoff (adeliges Haus bei Buer), ab 1372 bis 1487 nur noch der halbe Hiller Zehnte. Die andere Hälfte besaß Wennemar von der Leithe, 1360 Richter zu Recklinghausen, zu Lehen, dessen Söhne Johann und Hinrik 1388 und 1397 ihre ererbten Anteile an die Familie von Westerholt verkauften. Über jene Hälfte des Hiller Zehnten, die das Haus Lüttinghoff besessen hat und mit der 1484 noch Burchard von der Ruer belehnt worden war, fanden sich bisher keine weiteren Nachweise. Mit der von den Westerholtern angekauften Hälfte des Hiller Zehnten wurden im 15. und 16. Jahrhundert die Familien von Westerholt, von Varssem, von Elberfeld sowie der Kölner Richter Ludwig Falkenberg und der Kölner Amtmann Averdunck von den Kölner Erzbischöfen belehnt. Zu Beginn des 17. Jahrhunderts verkauften die Erben der ehemaligen Lehensbesitzer ihre Anteile am Hiller Zehnten für 4500 kölnische Taler an das Erzstift zu Köln.

Was bedeutete die Zehntpflicht konkret für die Hillener, die fast alle neben zehntfreien auch zehntpflichtige Ländereien bewirtschafteten, die sie teils von Recklinghäuser Bürgern gepachtet hatten, teils als Eigentum besaßen? Sie mußten vor dem Einfahren des Getreides die Zehntgarben „ausstechen", d.h. kennzeichnen, und den Zehntbesitzer oder Zehntpächter benachrichtigen, damit er den Zehnten entnehmen konnte. Das bedeutete, daß ohne Wissen des Zehntherren oder Zehntpächters keine Feldfrüchte eingefahren werden durften. Den blutigen oder schmalen Zehnten dagegen mußten nur wenige Einwohner Hillens in die Kellnerei Horneburg geben. Jährlich ein Huhn gaben Mertens, Reußing, Geesmann, Schulte zu Hillen, Schotteldreier, Pleßmann und der Müller, wie Eintragungen in das Vestische Lagerbuch von 1660 belegen. Den Rottzehnten zahlte keiner.

Die Verpachtung der Zehnteinkünfte des Erzbischofs fand jährlich an drei Tagen im Amtshaus Horneburg statt, nachdem vorher die Termine von den Kanzeln der vestischen Kirchen verkündet worden waren. Den Bietern wurde Bier und Branntwein gereicht, den Pachtlustigen aus dem Niedervest eine Mittagsmahlzeit. Wohlhabende Bieter erhielten an den beiden letzten Tagen eine Einladung zur Tafel des Oberkellners. Das geschah nicht uneigennützig, sondern in der Absicht, die Zehnten, die überwiegend von den Zehntpflichtigen angepachtet wurden und die verständlicherweise an einer niedrigen Pachtsumme interessiert waren, durch diesen wohlhabenden Personenkreis auf eine annehmbare Pachthöhe zu bringen. 1711 bot bei der Verpachtung des Hiller Zehnten gar ein „besoffener Trunkenbold" tüchtig mit, und die Quote erhöhte sich dermaßen, daß der Pächter später beim Erzbischof um erheblichen Nachlaß bitten mußte, der ihm jedoch nur geringfügig gewährt wurde. Zur Ausbietung des Zehnten wurde eine Kerze angezündet, und derjenige erhielt den Zuschlag, der das letzte Angebot vor dem Erlöschen der Kerze gemacht hatte. Die Kosten des „Zehntschmauses" mußten, abgesehen vom Branntwein, die Pächter selbst tragen.

Doch wieviele kleine Ärgernisse stecken hinter diesen nüchternen Betrachtungen! 1658 „zogen" Henrich Schußeldreyer (Schöttler), Henrich Sanders, Henrich Merttens, Henrich Reußing, Dietherich Pill und Henrich Schulte den Hiller Zehnten. Ihr Abgabesoll belief sich auf 7 Malter Weizen, 25 Malter Roggen, 24 Malter Gerste und 36 Malter Hafer; das waren insgesamt 243 Zentner Getreide!

Das Einfahren und Ausdreschen des Zehntgetreides hatte Vorrang vor der eigenen Ernte der Bauern, die mit der ganzen Familie Tag und Nacht in der ständigen Sorge um hereinbrechende Unwetter arbeiten mußten, damit ihnen noch ein gewisser Gewinn blieb und sie u. U. nicht verpflichtet waren, das nicht erreichte Soll durch Geldzahlungen ausgleichen zu müssen.

Großen Ärger gab es in Hillen 1661. Die Einwohner der Bauerschaft waren sich untereinander einig geworden, daß keiner von ihnen den Hiller Zehnten anpachten sollte. Die Kunde dieser Absprache gelangte bis in die kurfürstliche Hofkammer nach Bonn. Als Geismann (Geesmann), Godde, Schotteldreier (Schöttler) und Moritz es dennoch taten, verweigerten ihnen die übrigen Bauern jegliche Hilfe beim Einfahren des Getreides. Jetzt erging von den Pächtern ein dringender Hilferuf an den Kurfürsten. Sie berichteten, die Hillener seien „alle miteinander so gifftig worden", daß sie beschlossen hätten, „daß derjenige, so mit rhat oder sonsten einiger gestalt bey dem gezogenen Zehenden an Handt gehen würde", der Strafe einer Tonne Bier verfallen sein solle. Doch das nicht allein. Es muß eine regelrechte Protestaktion stattgefunden haben. Die Hillener räumten ihre Felder ab, ohne vorher den Zehnten auszustechen, wie es eigentlich Pflicht war, und ließen zum Teil nur nach eigenem Ermessen Getreide als Zehnten auf den Feldern in der Absicht, andere abschrecken zu wollen, die künftig bereit waren, auf den Hiller Zehnten zu bieten. Den Pächtern des Jahres 1661 verdarben auf diese Weise ohne die Hilfe ihrer Mitbürger 8 Malter Getreide in den Feldern um Hillen; nicht ein einziges Körnlein sei davon zu genießen gewesen. Und schließlich mußten sie ihren Landesherrn bitten, ihnen ein Drittel ihrer Verpflichtung zu erlassen und „mit den wilmütigen anderen zum Exempel" nach seinem Belieben zu verfahren. Doch in der Folgezeit finden sich unter den Anpächtern des Hiller Zehnten immer wieder einmal Hillener Bauern.

Mit den Berghäuser Bauern gab es bei der Lösung der Frage Streit, welche Felder ihrer benachbarten Fluren zum Hiller Zehnten und welche zum Berghäuser Zehnten gehörten. Diese Schwierigkeiten entstanden vor allem dann, wenn durch Verkauf

oder Vererbung von Ländereien der Besitzer wechselte und Fragen der Belastung der Felder unklar geblieben waren.
Ärger gab es einmal, der sich über Monate hinzog und vor dem Richter in der Stadt geschlichtet werden mußte, als Koppers Schweine aus Berghausen von dessen Schweinehirten auf Sanders Land getrieben wurden, der Zehnte aber noch nicht abgefahren war und man Sanders vorwarf, er habe den Rest des Zehnten eingefahren, ehe der wirkliche Schaden festgestellt werden konnte, und daß damit die von Sanders „vorgeschützte Beschädigung des Zehnt Haabers nur ein Blendwerke seye". So geschehen 1792. Die Pachtsumme in natura für den Hiller Zehnten belief sich im Jahre 1715 auf 38 Malter Roggen, 29 Malter Gerste und 63 Malter Hafer: insgesamt 329 Zentner Getreide. Sie lag in diesem Jahr an der Spitze der Pachtsummen der 12 Zehnten im Vest Recklinghausen. Ab 1750 wurden die Zehnteinkünfte des Erzbischofs nur noch gegen Geld verpachtet. Noch heute lassen sich die zehntpflichtigen Grundstücke, die sich 1811 im Besitz von Recklinghäuser und Hillener Bürgern befanden, nachweisen, deren Inhaber sich erst um die Mitte des 19. Jahrhunderts beim Rechtsnachfolger des Erzbischofs von Köln, dem Herzog von Arenberg, ihrer Zehntpflicht durch Ablöse entledigen konnten. Die Größe ihrer zehntpflichtigen Ländereien gaben sie damals insgesamt mit 600 Scheffel an (1 preußischer Morgen = 1 Scheffel, 16 Quadratruten und 66 Quadratfuß kölnisch).

Erzbischöfliche Güter

Außer seinem Anrecht auf den Hiller Zehnten besaß der Erzbischof mehrere Lehensgüter in Hillen, deren Lehensträger überwiegend wohlhabende Recklinghäuser Bürger waren. Mit dem Spithof („bona dicta Spythoeve in villa Hillen") wurde 1403 Hinricus de Eympte belehnt, 1430 der Sohn des Recklinghäuser Bürgers Sander Berkendael. Ihm folgten Angehörige der Familien Stoith, Voß, Schmeinck und Reinoldi. Im Jahre 1800 suchte Carl Josef Billmann für seine Ehefrau Elisabeth Reinoldi nach dem Tode des Balduin Reinoldi beim Erzbischof um die Belehnung mit dem Spithof in Hillen nach. Zu diesem Zeitpunkt war die ehemalige Hofstelle von der Größe eines halben Scheffels und 19 Ruten nicht mehr bebaut, sie war ein Obst- und Gemüsegarten geworden, der unmittelbar an den Hof Schulte grenzte. Die Felder des alten Hofes lagen auf dem Kuniberg, am Graveloher Weg, im Ossenberg, im Fritzberg, im Pasch und am Esseler Pfad; kleine Gärten und mehrere Ruten Land mitten in der Bauerschaft. Dem alten Lehen haftete ein Markenrecht an, das dem Lehensträger in der Recklinghäuser Mark die Nutzung eines Holzgrundes ermöglichte. Eine Abschätzung der zum Spithof gehörenden Ländereien belief sich 1797 auf 1425 Reichstaler.

Das kurfürstliche Lehensgut der „Aldenhove", er lag „am Erlbroke", war 1385 im Besitz der Brüder Rotger und Wessel van Galen, die ihn an Hensen Borchardes auf Lebensdauer für 6 Mark Rente verpfändeten. 1514 gab der Erzbischof von Köln den Hof an Rutger Strickling aus Recklinghausen zu Lehen, der den „Aldenhove" 1539 an Konrad Koene verkaufte und dessen Nachfahren im 17. und 18. Jahrhundert immer wieder mit dem Hof belehnt wurden. Am Ende des 18. Jahrhunderts gelangte er durch Kauf und Belehnung in den Besitz des Hofrates J. C. Pieners; die alte Hofstelle war zu dieser Zeit längst verschwunden; genutzt wurden von den Lehensträgern die dem Hof anhaftenden Felder, Wiesen und Gärten.

Die Lage eines anderen kurfürstlichen Gutes, des „Potthoves", ließ sich nicht genau ermitteln. Es soll „binnen der Ringlandwehr" gelegen haben. Dieses sicher sehr alte Lehensgut gehörte einst als Unterhof in den Oberhof Recklinghausen. In der ersten Hälfte des 16. Jahrhunderts hatte es Christoffer Steinweg zu Lehen, um 1600 Jost Frentrop, nach ihm Meister Rachel, der dem Erzbischof jährlich als Pacht 12 1/2 Scheffel Korn liefern mußte, wie das Vestische Lagerbuch von 1660 vermerkt. Nach erloschener Nachfolge des letzten Lehensvasallen – die Witwe des Meisters Rachel sah sich außerstande, das Gut weiterhin zu bewirtschaften – wurde der Hof von der kurfürstlichen Kellnerei in Horneburg eingezogen und von ihr selbst verwaltet. In der Mitte des 18. Jahrhunderts war der Potthof mit Ländereien und Gärten für 18 Reichstaler verpachtet. Der Landhausvogt zur Horneburg, C. Schipper, der sich 1758 selbst um das Gut als ein Erbgut und Alterssitz bewarb, erläuterte dem Kurfürsten in einem Schreiben die Lasten und Einkünfte des Potthofes in Hillen so: „...daß von Alters her dieser sehr kleine Hof neben schweren Schatzungen, womit er allezeit belästigt gewesen, nichts ausgegeben (habe), als nur bei Vorfällen, wenn ein Landesfürst zu Recklinghausen sich eingefunden, für denselben die Pötte zum Kochen habe herbeischaffen müssen." Inwieweit es sich hier um eine volksetymologische Deutung des Namens „Potthove" handelt, weil die wahre Bedeutung dieses Namens im Laufe der Jahrhunderte unterging, bedarf noch einer Klärung. Für die Version seiner Funktion, die ihm der Landhausvogt unterstellt, fanden sich bisher keine archivalischen Belege. Der Landhausvogt erhielt übrigens den Hof wahrscheinlich nicht; denn dessen Ländereien wurden Ende des 18. Jahrhunderts parzellenweise verpachtet.

Drei kurfürstliche Mühlen lagen am Hellbach in Hillen und auf der Hillerheide: die obere, die mittlere und die untere Mühle, die letztere wurde auch Kreymühle genannt. Die obere und mittlere Mühle hatte der Erzbischof Anfang des 15. Jahrhunderts von Bernd dem Wolf käuflich erworben. Diese drei Mühlen waren Bannmühlen, d.h. die Einwohner Recklinghausens und Hillens sowie die der umliegenden Bauerschaften waren verpflichtet, ihr Korn in diesen Mühlen mahlen zu lassen. Jeder Mühle waren bestimmte Bezirke zugeteilt; die Müller waren kurfürstliche Pächter. Mühlenknechte holten das Getreide bei den Bürgern und Bauern ab, schafften es auf Eselskarren in die zuständige Mühle und lieferten das Mehl in die Haushalte zurück. In Hillen übten im 18. und 19. Jahrhundert Angehörige der Familie Hölken das Amt des Mühlenknechtes oder Eseltreibers bei der obersten Mühle aus, die am Hellbach bei der heutigen Hubertusstraße lag. Die Pächter der Kreymühle versuchten wiederholt, sich dem Mühlenbann zu entziehen. Sie wollten auch Korn aus ihr nicht zugeteilten Bezirken mahlen dürfen. Diesen Anspruch leiteten sie aus der Geschichte der Kreymühle ab, die erwiesenermaßen im 14. Jahrhundert ein „dorslachtig (=vollständig) eigen gut" war, das 1430 die Familien Vedder und van Heyte an Gostyn Histveld verkauften. Pächter der Mühle war 1390 Heinrich von Börste, der „Krähenmoller", der mit der Pacht auch die Verpflichtung übernahm, an Johan von Polsum eine Rente von 3 Malter Roggen zu leisten, eine Rente, auf die noch im 18. Jahrhundert die Kartause

von Weddern Anspruch erhob. Im 15. Jahrhundert muß sich die Kreymühle bereits im Besitz des Erzstiftes befunden haben; denn der Erzbischof Dietrich von Moers verpfändete sie für 5oo Goldgulden an die Familie von Westerholt, löste sie aber bereits 1458 wieder aus der Pfandschaft. 1803 gingen die Mühlen in den Besitz des Herzogs von Arenberg über.
Rätsel gibt ein kleines Gut auf, daß 1382 den Namen Bu(i)linck(gk) trägt und dem Domkapitel zu Köln gehörte. 1587 war der Verwalter des Domkapitels, Arnold von Schaumburg, 1621 der Recklinghäuser Richter Niclas Stroe mit diesem Gut behandigt; es heißt zu diesen Zeiten „Hildenbolding".

Eigenbesitz

Aus Urkunden und Kontraktenprotokollen des 14. bis 16. Jahrhunderts läßt sich privater Grundbesitz von adeligen und einflußreichen Recklinghäuser und auswärtigen Familien in Hillen nachweisen, der sich im Landtausch, in Land- und Rentenverkäufen, Verpachtungen, Verschreibungen für kirchliche Stiftungen u. ä. widerspiegelt.
1398 setzte der Ritter Theodericus dictus de Westerheym sein Haus „super fontem" in Hillen zum Pfand, falls er seiner Vasallenpflicht, zum Landtag zu erscheinen, nicht nachkommen sollte. 1471 erhielt Dietrich von Westrem jenes „Haus aufm Burne" (Borne) vom Erzbischof Ruprecht zu Lehen, so wie es Dietrichs Vater und Großvater vorher besessen hatten. 1532 ging es im Erbvergleich an Rotger von Westrem über. Den Westrems gehörten im 16. Jahrhundert außerdem der Hiller Kamp mit Gärten und Kotten, 9 Scheffel Land „im Pasche", 9 Scheffel Land „aufm Judenborn" sowie Land, das Johan Droge und Goddeke, beide aus Hillen, bewirtschafteten.
Großen Grundbesitz in Hillen muß die Familie Wolf besessen haben. 1403 verkaufte Bernd der Wolf der junge nämlich für 1700 Goldgulden aus seinem Erbe dem Erzbischof Friedrich von Saarwerden „die Burchberge und Huyssteden zu Hillen" bei Recklinghausen mit allem Zubehör, eine Wassermühle und eine andere Wassermühlenstätte, Fischerei und Teiche, drei Kotten mit

Kottstätten, 23 Malter Saatland und die Hälfte des Berges „de genannt is Vogethink" mit allen seinen Rechten (die Stätte, an der der Vogt Gericht hielt). Die andere Hälfte der Gerichtsstätte erwarb der Erzbischof ein Jahr später von Bertold von Oer für 51 Goldgulden.

Schon 1396 hatte Bernd an Hensen Borchardes in Recklinghausen 3 Scheffel Land für 15 rheinische Goldgulden verkauft, die bei „Vrenkinch" (Flur bei Berghausen) lagen und die „Hinrik dey dreege van Hillen" in Benutzung hatte.

In der Familie Dröge (Dreege, Droge, Drügge) vermutet W. Mummenhoff die älteste nachweisbare Bürgerfamilie Recklinghausens. 1370 erwarb ein Johan Dröge durch Kauf das Fronenamt in und um Recklinghausen; später finden wir ihn als landesherrlichen Richter in der Stadt. 1532 lebte in Hillen Herbart Droge, wahrscheinlich ein Nachfahre des obengenannten Hinriks. Die Lage des Drogenhofes erfahren wir aus einer Quelle von 1573, er lag in unmittelbarer Nachbarschaft zu Schötteldreiers Hof. Im auslaufenden 16. Jahrhundert befand sich der Hof im Besitz von Johan Lechtape, genannt Droge. 1591 verkauften seine Witwe Trine und seine Kinder aus dem Kamp, der vor dem Hofe lag, eine Jahrrente über 2 Scheffel Korn und einen halben Taler Pension. 1601 veräußerte ein Sohn von Johan und Trine, Johan Lechtape, genannt Droge, „auf Drogenhove zu Hillen geboren", diesen Kamp an Diederich Schutteldreier, genannt Godde, und seine Frau Else. Die Witwe Trine und ihre Kinder konnten nach dem Tode des Vaters den Hof nicht mehr halten; 1601 befand er sich bereits im Besitz der Familie von Varssem aus Recklinghausen, die ihn an einen gewissen Lambert verpachtete. 1609 saß Diederich Teyle auf dem Hof.

1516 verkaufte Diderich Ulenbrock aus seinem väterlichen Erbe eine Solstelle (Hofstelle) zu Hillen, gelegen neben dem Spithove, an Johan Koper. Angehörige der Familie Ulenbrock waren Bürgermeister, Ratsherren und Richter der Stadt Recklinghausen.

Nicht geklärt werden konnte die Frage, wo die Kra(i,e)kenburg in Hillen lag, auf der 1567 Johan Everdt wohnte und die Everhard Becker, Bürger zu Rurort, 1608 seinem Schwager Roseir Molman nach dem Tode seiner Frau Catharina mit Zubehör und Gerechtigkeiten verkaufte. Ist sie der Kreymühle zuzuordnen, oder hat sie einem Johan Krayke aus Recklinghausen gehört, der 1516 in einer Urkunde genannt wird? Es handelt sich um dasselbe Gut, aus dem 1576 der Bürgermeister von Recklinghausen, Rotger Molman, und seine Frau Beatrix dem Kloster in Flaesheim eine jährliche Pension von 14 1/2 Talern verkauft hatten und das Catharina Molman als Erbe zugefallen war. Schwager Molman blieb Everhard Becker den Kaufpreis schuldig; er erfüllte auch nicht die Bedingung, ein neues Haus zu bauen. So verkaufte Everhard Bekker 1609 die Kraikenburg mit Deich, Wall, Wiesen und Spieker an Albert Koster, der nach 1622 aber nicht mehr in Hillen nachgewiesen werden kann.

War Hillen für Wohlhabende eine Sommerfrische? Es hat den Anschein; denn hätte sich sonst der kurfürstliche Kellner Wernerus Fabritius bei der obersten Mühle auf einem Berg, der ganz von Wasser umgeben war, „ein Lusthaußlein" erbaut, wie im Vestischen Lagerbuch von 1660 berichtet wird? Der Kellner hatte 1613 die Hofstelle von der Recklinghäuser Familie Rasche geerbt.

Zu den ältesten, auch als „Peterlinge" bezeichneten kurfürstlichen Dienstmannen im Vest, zählten im 13. und 14. Jahrhundert auch die Herren von Hillen. Hermann von Hillen war „1287 iudex Ministerialum auf Hillen in iudicio Recklinghausen". Konrad von Hillen gehörte 1305 zu den Rittern des Vestes Recklinghausen, die mit der Stadt einen Schutzbund abschlossen, und war später Ratsherr der Stadt Recklinghausen. Aber urkundliche Belege über ein „Haus Hillen" oder Hinweise auf grundherrlichen Besitz in der Bauerschaft Hillen konnten bisher trotz intensiver Nachforschungen nicht gefunden werden.

Eine Türkensteuerliste

Das bisher Gesagte ließ kein Bild von den Menschen entstehen, die in der Zeit von 1050 bis zum Beginn des 16. Jahrhunderts in der kleinen Bauerschaft lebten und ihren Grundherren dienen mußten. Der Grund dafür ist vor allem in der unzureichenden Quellenlage der städtischen Archivalien zu suchen. 1247, 1469 und 1500 wüteten in Recklinghausen mit seinen damals meist strohgedeckten und schornsteinlosen Häusern besonders verheerende Brände, die im Jahre 1500 auch das Rathaus am Markt in Flammen aufgehen ließen. Urkunden und Akten verbrannten, die uns heute fehlen, um die Vergangenheit aufhellen zu können. Es blieb nur ein bescheidener Rest an Archivalien aus der Zeit vor 1500, der jedoch nicht ausreicht, individuelle Bilder von Hillens Bewohnern entwerfen zu können. Für die Zeit nach 1500 bis in die Mitte des 19. Jahrhunderts hinein müssen Steuerlisten, Schatzungsregister, Bevölkerungslisten, Civil- und Kontraktenprotokolle, Häuserlisten u. ä. dazu dienen, die Bewohner Hillens vorzustellen und die Entwicklung der Bauerschaft aufzuzeigen.

Eine Steuerliste, die sogenannte Türkensteuerliste von 1532, bietet uns erstmals die Möglichkeit, Anzahl und Namen der in Hillen im 16. Jahrhundert lebenden Familien nachzuweisen. Die Türkensteuer war eine allgemeine direkte Reichssteuer, die der Regensburger Reichstag von 1532 beschlossen hatte und die zur Unterstützung des Reiches im Kampf gegen die Türken, von denen sich die Christen bedroht sahen, erhoben wurde. Die Aufstellung der Steuerliste lag in den Händen der Stadt Recklinghausen. Diese im Stadtarchiv aufbewahrte Liste, aus dem Jahre 1574 gibt es noch eine zweite, ist zugleich auch die älteste Einwohnerliste der Stadt Recklinghausen und der Bauerschaft Hillen. Aufgenommen worden sind alle Familienvorstände und Einzelpersonen, die einen eigenen Hausstand oder ein besonderes Vermögen besaßen, auswärtige Personen, die Grundbesitz in der Stadt hatten, sowie Knechte und Mägde; die letzteren wurden jedoch nur ihrer Zahl nach bei ihrer Dienstherrschaft vermerkt. Ausgenommen von der Steuer war die Geistlichkeit, die das Privileg der Steuerfreiheit besaß.

In Hillen können 1532 aufgrund dieser Steuerliste 14 steuerpflichtige „Paolburger" nachgewiesen werden, deren Namen aus den Listen im Anhang dieses Beitrages zu entnehmen sind. Paolbürger oder Pfahlbürger waren im Mittelalter Schutzbürger einer Stadt, die a u ß e r h a l b der Pfähle und Mauern der Stadt, durch leichte Außenbefestigungen geschützt, ohne oder mit eingeschränktem Bürgerrecht wohnen durften. Es war damals üblich, daß sich nicht nur einzelne, sondern ganze Dörfer, Städte und Landschaften, auch Klöster, als Pfahlbürger der Städte aufnehmen ließen.

Dokument aus dem Stadtarchiv: Türkensteuerliste von 1532 (Auszug).

Die Paohlbürger von 1532 tragen Namen, die den alteingesessenen Hillenern auch heute noch, 450 Jahre später, bekannt sind: Goddeken (Godde), Klott (Clodt), Szander (Sanders), Pyll (Pill), oder die sie mit noch heute in Hillen lebenden Familien in Verbindung bringen können: Knuffer (Knüfer) und Reussinck (Reussing). Die Steuerliste von 1574 (s. Anhang, S. 41) weist schon 20 Steuerpflichtige aus; jetzt sind unter ihnen auch die Familien Schulte, Schutteldreer (Schöttler), Monnynck (Münch) und Pleßmann.

Die Türkensteuer wurde vom Einkommen, Grundbesitz und Kapitalvermögen erhoben. Da uns der Steuerfuß nicht bekannt ist, können über die Vermögensverhältnisse und über die wirtschaftliche Lage der Bürger keine erschöpfenden Aussagen gemacht werden.

Die Steuerabgabe der tatsächlich geleisteten 1. Rate bewegte sich zwischen 2 Schillingen und 9 Goldgulden. In der Stadt Recklinghausen schieden 27 Bürger bei der Veranlagung wegen Armut aus, die Hillener dagegen wurden alle veranlagt. Einen Vergleich mit den Bürgern der Stadt brauchen die Hillener hinsichtlich ihrer wirtschaftlichen Lage nicht zu scheuen, wie die Tabelle verdeutlicht, die anhand der Türkensteuerliste von 1532 erarbeitet wurde. W. Mummenhoff hat die Steuerliste in bezug auf die Bewohner der Stadt so interpretiert, daß er jene, deren Steuerbetrag 2 Goldgulden übersteigt, als sehr wohlhabende Bürger ansah; und in der Tat, ein Vergleich mit den Ratslisten jener Zeit belegt, daß diese Recklinghäuser Bürger Familien angehörten, die die Bürgermeister und Ratsherren stellten. Jene, deren Steuerbetrag sich zwischen einem halben und 2 Goldgulden bewegt, siedelte Mummenhoff beim Mittelstand an. Für die Hillener Bauern hieße das, daß 1532 zehn von ihnen zum Mittelstand zu rechnen wären, vier aber zu den Minderbemittelten gehörten, jedoch nicht so verarmt waren, daß sie nicht zur Steuer veranlagt werden konnten.

Rechte und Pflichten der Paohlbürger

Es konnte bisher noch nicht festgestellt werden, wann die Stadt Recklinghausen die Bauerschaft Hillen unter ihre Stadtbotmä-

	Es zahlten			
in der Stadt von 334 Personen		in Hillen von 14 Personen		
1 Person	9 Goldgulden	– Personen	9	Goldgulden
2 Personen	6 Goldgulden	– Personen	6	Goldgulden
2 Personen	5 Goldgulden	– Personen	5	Goldgulden
1 Person	4 Goldgulden	– Personen	4	Goldgulden
2 Personen	3 1/2 Goldgulden	– Personen	3 1/2	Goldgulden
4 Personen	3 Goldgulden	– Personen	3	Goldgulden
8 Personen	2 1/2 Goldgulden	– Personen	2 1/2	Goldgulden
5 Personen	2 1/4 Goldgulden	– Personen	2 1/4	Goldgulden
17 Personen	2 Goldgulden	2 Personen	2	Goldguld. [1]
4 Personen	1 3/4 Goldgulden	– Personen	1 3/4	Goldgulden
20 Personen	1 1/2 Goldgulden	3 Personen	1 1/2	Goldguld. [2]
13 Personen	1 1/4 Goldgulden	– Personen	1 1/4	Goldgulden
41 Personen	1 Goldgulden	2 Personen	1	Goldguld. [3]
28 Personen	3/4 Goldgulden	2 Personen	3/4	Guldguld. [4]
59 Personen	1/2 Goldgulden	1 Person	1/2	Goldguld. [5]
53 Personen	1/4 Goldgulden	4 Personen	1/4	Goldguld. [6]
47 Personen	3 Schillinge	– Personen	3	Schillinge
27 Personen	2 Schillinge	– Personen	2	Schillinge

[1]) Pyll und Reussinck; [2]) Szander, Droge und Lentbertinck;
[3]) Klott und Lousshake; [4]) Knuffer und Molner; [5]) Pauls;
[6]) Greve, Goddeken, Weymann und Everdt.

ßigkeit genommen hat und damit auch die Brüchtengerichtsbarkeit in Hillen beanspruchte. „Brüchte" waren Strafen gegen jegliche Übertretung der von der Behörde erlassenen Vorschriften und für Vergehen wie Beleidigungen, Zank und Streit, Schlägereien, Feldschaden, unsittliches Verhalten, nächtliche Ruhestörungen u. ä. 1660 beklagte der kurfürstliche Kellner den Umstand, daß die Stadt die Bauerschaft Hillen „gantz zu sich ziehet". Seine Klagen waren verständlich, weil die dem Erzbischof zustehende Schatzung, eine Steuer, die auf Grund und Boden lastete, für Hillen im Gesamtanschlag der Stadt enthalten war, der aufgrund eines erzbischöflichen Privilegs von 1236 nur 20 kölnische Mark betrug. Eine getrennte Veranlagung hätte dem Landesherrn erheblich mehr eingebracht. Aus der Bauerschaft Hochlar z.B. zog der

Landesherr pro Schatzung über 60 Reichstaler (Vestisches Lagerbuch von 1660).
Hillen bildete nachweislich im 17. Jahrhundert die 17. Nachbarschaft der Stadt Recklinghausen. Nachbarschaften waren seit dem Mittelalter Abteilungen in den Städten, in denen die einzelnen Häuser ihrer Lage nach zusammengefaßt wurden. Ursprünglich dienten sie nur Kriegs- und Wachtzwecken, später der allgemeinen Verwaltung (Steuererhebung, Wahlen u.ä.). Den Hausbewohnern einer Nachbarschaft oblag die Sorge für den gemeinsamen Nachbarschaftsbrunnen. 1837 erklärte die Regierung in Münster die Nachbarschaften für „Privatvereine", weil sie der Meinung war, daß der wahre Zweck der Nachbarschaften längst überholt sei. Obwohl die Bauern in Hillen in den Verband des städtischen Gemeinwesens aufgenommen worden waren, genossen sie nicht dieselben Rechte wie die Bürger der Stadt; sie waren als Halb- oder Paohlbürger Bürger minderen Rechtes. Sie durften nicht Mitglied der Ackerbürgergilde werden und hatten daher keinen Einfluß auf die Bildung des Stadtrates, der nur von den Mitgliedern der acht Gilden in Recklinghausen gewählt werden konnte. Das änderte sich erst 1831 mit der Einführung der preußischen Revidierten Städteordnung, auf deren Grundlage am 24. April 1836 in Recklinghausen Kommunalwahlen stattfanden, an denen sich auch die Hillener Einwohner beteiligten und aus ihrer Mitte den Bauern Merten in den Stadtrat wählen konnten.
Welchen Nutzen hatten die Hillener, die bis auf wenige Ausnahmen auch noch bestimmten Grundherren verpflichtet waren, von ihrer Zugehörigkeit zum Stadtverband Recklinghausen? Sicher ist, daß die Bauern und Kötter ihre landwirtschaftlichen Produkte auf dem Markt der Stadt absetzen konnten und daß sie erwarten durften, die städtische Verwaltung nimmt sich ihres Schutzes und der Ordnung ihrer Angelegenheiten an. In Kriegszeiten fanden sie mit ihren Familien Schutz innerhalb der Mauern der Stadt. Sie waren in der Recklinghäuser Mark, die sich in nordsüdlicher Richtung bis zur Emscher erstreckte, im Osten von der Suderwicher Mark und im Westen von der Hochlarer Mark begrenzt wurde, weideberechtigt, nahmen teil an der Holz- und Mastnutzung sowie am Torfstich u.ä., wenn auch in Abstufung der Gerechtsame, die sich danach richtete, ob sie Bauern, Halbbauern oder Kötter

turen, Einquartierungslasten, Requisitionen und Kriegsdienste für die Zahlung von Schuldzinsen für aufgenommene Gelder. Im 16 Jahrhundert, als die Einnahmen aus der Schatzung nicht mehr ausreichten, fand sie durch die Viehschatzung, zu der auch die Kötter herangezogen wurden, die ursprünglich schatzungsfrei waren, eine Ergänzung. Im 17. Jahrhundert kamen zu diesen beiden Schatzungen noch die sogenannten „Nahrungsgelder"; d.h. neben dem Grundbesitz wurden nunmehr auch Handwerk und Hantierung der Bürger, die „Nahrung", der Besteuerung unterworfen. Der Satz für diese Nahrungsgelder lag für die Steuerpflichtigen in Hillen zwischen 7,5 und 10 Stüber. Für die Stadt war die Kontribution eine Geldquelle, die beliebig oft im Jahr, je nach Notwendigkeit und Bedürfnis, fließen konnte. Im Durchschnitt wurde sie sieben- bis achtmal jährlich erhoben; in Not- und Kriegszeiten jedoch konnten bis zu 18 Schatzungen im Jahr erfolgen, so z.B. während des und nach dem 30jährigen Kriege zwischen 1641 und 1650 und zwischen 1741 und 1750 im Verlauf des Österreichischen Erbfolgekrieges.

Weil sich die Schatzungsregister selten auf dem neuesten Stand befanden, also nicht der wirtschaftlichen Situation der Steuerzahler angepaßt waren, hatten jene Bürger Vorteile, deren Grundbesitz und Einkommen sich vermehrt hatte; diejenigen aber, die Grund und Boden verkauft, vererbt oder gar verpfändet hatten und vielleicht sogar verarmt waren, mußten bis zu einer Neuaufnahme des Schatzungskatasters, bei der die Bürger eidlich Hab und Gut angeben mußten, warten und die alten belastenden Quoten zahlen.

In Not- und Kriegszeiten, und Recklinghausen hatte deren viele zu überstehen, traf die Schatzung die Bauern besonders hart. Das Getreide wurde ihnen von durchziehenden Truppen oft von den Feldern gestohlen, das Vieh aus den Ställen geholt, ihre Häuser geplündert, selbst das Stroh blieb häufig nicht auf den Dächern, längere Einquartierungen zehrten an ihren Vorräten. Der Erlös aus dem Verkauf der landwirtschaftlichen Produkte reduzierte sich in Kriegs- und Notzeiten erheblich. Zu den steuerlichen Belastungen für ihren Grund und Boden kamen für die Hillener Bauern noch die Verpflichtungen hinzu, die sie ihren Grundherren für Pachtland in Naturalabgaben und Geld schuldeten.

Die Stadt Recklinghausen hatte 1782 mit Hillen zusammen 2030 Einwohner; eine Schatzung brachte zu dieser Zeit kaum mehr als 200 Taler, davon brachten 231 Hillener Einwohner knapp 25 Taler auf.

	Schatzungsaufkommen in Hillen	
Jahr	Steuerpflichte	Aufkommen je Schatzung
1597	17	16,5 Taler
1635	16	18 Taler
1668	32	22 Rtlr., 6 3/4 Stb.
1723	40	22 Rtlr., 6 3/4 Stb.
1758	36	24 Rtlr., 16 1/4 Stb.
1799	44	26 Rtlr., 13 1/3 Stb.

Rtlr. = Reichstaler, Stb. = Stüber.

Zur Erläuterung:

Bei der Schatzung des Jahres 1799, die neunmal erhoben wurde, handelte es sich um eine Kriegsschatzung, die im letzten Jahrzehnt des 18. Jahrhunders wiederholt im Zusammenhang mit den Auswirkungen des ersten Koalitionskrieges zwischen Frankreich und der europäischen Koalition erhoben worden war. Zu dieser Kriegssteuer wurden 1799 von 44 Steuerpflichtigen in Hillen

    4 mit mehr als 2   Reichstalern,
    5 mit mehr als 1   Reichstaler,
    5 mit mehr als 1/2 Reichstaler,
  14 mit mehr als 1/4 Reichstaler und
  16 mit weniger als 1/4 Reichstaler

je Erhebung belastet. Wegen der Willkür und der nicht berechenbaren Häufung an jährlichen Schatzungen wird es keinen wundern, daß der Fiskus große Schwierigkeiten hatte, die Schatzungsgelder einzutreiben; er drohte mit allerlei Strafen, mit Pfändungen, Beschlagnahme des Viehes auf der Weide, Arrestierung u. a. m. Aber auch den Stadtdienern wurde mit Gefängnis ge-

droht, wenn sie das Einziehen der Gelder nach Meinung des Rates der Stadt nicht energisch genug betreiben. Die Bauern jagten die Stadtdiener und Büttel oft mit Dreschflegeln von ihren Höfen, und in Hillen warf ein Bauer gar ein kupfernes Hausgerät hinter ihnen her.
1806, nach der Übernahme des Vestes Recklinghausen durch den Herzog von Arenberg, wurde der Stadt das Besteuerungsrecht entzogen; die Einnahmen aus der Schatzung flossen jetzt in eine neu eingerichtete landesherrliche Steuerkasse. Die Stadt verlor auch die sogenannten Nahrungsgelder sowie mit dem Verlust der städtischen Jurisdiktion die daraus resultierenden Strafgelder. 1823, inzwischen war das Vest preußisch geworden, traten dann neue Steuerarten in Kraft:
1. direkte Steuern (Grund-, Klassen- und Gewerbesteuer),
2. indirekte Steuern (Malz-, Maisch-, Stempel- und Konsumsteuer).

Statistisches

Aus den Schatzungslisten kann die Gesamtzahl der Einwohner Hillens nicht abgelesen werden, weil die Listen nur die jeweiligen Familienvorstände erfassen. Ferner erscheinen die völlig verarmten Einwohner in diesen Listen ebenfalls nicht, da sie nicht zur Steuer herangezogen wurden. Bevölkerungslisten wurden zum ersten Male 1782 aufgestellt. Danach lebten 1782 in Hillen 231 Personen in 42 Häusern. Eine Viehzählung fand ebenfalls statt. Weitaus mehr Einblicke in die Hillener Familien als die Bevölkerungsliste von 1782 bieten die „Listen der Civilbürger" der Stadt Recklinghausen aus der Zeit von 1810 bis 1855. Jetzt werden alle Familienmitglieder namentlich genannt, das Alter wird angegeben; bei manchen Frauen allerdings kann man feststellen, daß sie – nach späteren Listen – mit zunehmendem Alter immer jünger werden! Knechte und Mägde sind namentlich verzeichnet und berufliche Tätigkeiten der Haushaltsvorstände vermerkt. Diese Listen sind für den Familienforscher eine wahre Fundgrube; für die Erhellung der Geschichte der Bauernschaft Hillen bieten sie eine Fülle an Fakten über die Entwicklung der Bevölkerung

Bauerschaft Hillen 1782

Name	Alte/Eltern	Kinder	Mägde	Knechte	Pferde	Hornvieh
Albers (H)	3	2	–	–	4	5
Baack (K)	2	3	–	–	–	1
Beckmann (K)	4	2	–	–	2	6
Berger (K)	2	5	–	–	–	2
Bethmann (K)	2	4	–	1	–	4
Bröß (K)	2	4	–	–	–	4
Buer (K)	2	3	–	–	2	3
Cloth (K)	2	6	–	–	2	3
Dörlemann (K)	2	–	–	–	–	3
Flaßkühler (K)	2	2	–	–	–	2
Ganteföhrer (H)	2	7	–	–	4	4
Geesmann (K)	2	2	–	–	3	3
Godde (H)	2	2	2	–	3	5
Holländer (K)	3	3	–	–	–	4
Honacker (K)	3	2	–	2	–	–
Hütter, H. (K)	4	3	–	–	–	3
Hütter, J. (K)	2	–	–	–	–	–
Kempers (K)	4	6	–	–	–	–
Kempers, Stoffer (K)	2	2	–	–	–	2
Kempgen, Jost auf d. (K)	2	1	–	–	–	2
Knüfer (K)	3	3	–	–	2	9
Lueg (K)	2	2	–	–	–	1
Merten (H)	3	3	–	–	3	5
Möllers (K)	1	3	–	–	–	4
Münch a. Berg (K)	2	2	–	–	–	2
Münch am Spring (K)	2	2	–	–	4	5
Niebur (K)	3	–	–	–	–	–
Panhütter (K)	3	2	1	1	3	8
Pasmann (K)	2	1	–	–	–	2
Pill (B)	4	1	1	1	6	16
Pleßmann (K)	2	5	–	–	2	2
Pleßmann, J. (K)	2	–	–	–	2	2
Rademacher (K)	4	2	–	–	3	5
Reiners (K)	2	3	–	–	2	3
Reußing (B)	2	5	2	–	5	13
Reußing (Altenteiler)	2	–	–	–	–	1
Sanders (B)	2	4	1	1	6	8
Sandkühler (K)	2	5	–	–	2	6
Schöttler (H)	4	3	1	–	4	8
Schulte (B)	6	–	–	–	5	9
Waterkotte (K)	1	2	–	–	–	–
Wienhöfer	3	1	–	1	2	3
Insgesamt	108	108	8	7	71	168

(B) = Bauer, (H) = Halbbauer, (K) = Kötter

und geben Auskunft über die Familien- und Altersstruktur, enthalten außerdem Hinweise auf die berufliche Gliederung, konfessionelle Bindungen und Vermögensverhältnisse.

Bevölkerungsentwicklung in Hillen von 1782 bis 1855

Jahr	1782	1810	1820	1834	1840	1855
Einwohner	231	296	338	373	359	382

1810 lebten in Hillen:

Familien = 49; Männer = 71; Frauen = 75;
Kinder bis zu 14 Jahren:
männlich = 55; weiblich = 52;
Kinder von 15 bis 37 Jahren:
männlich = 32; weiblich = 11

Unter den 49 Familien waren 16 Großfamilien, d. h. Eltern, Kinder, Großeltern und unverheiratete oder verwitwete Angehörige lebten in einem Familienverband (bis zu 13 Personen). Weitere acht Familien waren sogenannte Heuerlinge, die als Mieter überwiegend auf den Anwesen von Neusiedlern wohnten und deren Familienväter Tagelöhner, Knechte und Handwerker waren.
1788 waren 39 Haushaltungsvorstände ausschließlich in der Landwirtschaft tätig. 1810 bildete dieser Personenkreis zwar noch die Mehrheit, jedoch waren unter ihnen bereits 10 Weber – sie betrieben zum Teil noch Landwirtschaft nebenher –, 2 Schneider mit 3 Gesellen, 1 Branntweinbrenner, 1 Maurer, 1 Zimmermann, 2 Rädermacher, 1 Schuster und 9 Tagelöhner.
Steigende Bevölkerungszahlen in der ersten Hälfte des 19 Jahrhunderts veränderten allmählich die berufliche Struktur der Bewohner.

1843 wohnten in Hillen:
14 Ackersmänner, 12 Ackerer, 9 Knechte, 16 Mägde, 1 Hütejunge, 21 Tagelöhner, 2 Tagelöhnerinnen, 2 Schneider, 1 Lehrling, 2 Ge-

sellen, 1 Eseltreiber, 2 Zimmermänner, 2 Ackerwirtinnen, 1 Rademacher, 3 Leineweber, 1 Faßbinder, 1 Tuchscherer, 1 Walkmeister, 1 Fabrikant, 1 Wollspinner, 2 Spinnmeister, 2 Spinner, 2 Müller, 1 Müllerin.
Es ist anzunehmen, daß Tuchscherer, Walkmeister und Spinner in der Walkmühle am Hellbach beschäftigt waren, die Coppenrath nach 1836 erworben und allmählich zu einem Fabrikbetrieb mit Maschinenspinnerei und Weberei erweitert hatte. Auch ein Teil der Tagelöhner wird dort einen Broterwerb gefunden haben, sofern die Tagelöhner nicht in der Stadt Recklinghausen im Metall-, Brau- und Brennereigewerbe, bei Handwerkern, Privatpersonen oder, jahreszeitlich bedingt, bei den Hillener Bauern Arbeit fanden.
Bis in die Mitte des 19. Jahrhunderts wohnten in Hillen nur Bürger katholischen Glaubens. Erst um 1840 wanderten evangelische Personen zu, die sich überwiegend auf der Hillerheide niederließen. Ihr Anteil an der Gesamtbevölkerung Hillens betrug 1855 16 vom Hundert.
Die gesamte landwirtschaftlich genutzte Fläche in Hillen betrug nach Dorider 1816 insgesamt 714 Morgen. Nach ihm bewirtschafteten 6 Vollbauern 392 Morgen, 5 Halbbauern 171 Morgen und 12 Kötter 151 Morgen. Diese Differenzierung nahm Dorider also nach der Größe der Anwesen vor. Vollbauern, Hofgröße bis zu 122 Morgen, waren demnach Pill genannt Sanders, Schulte, Pill, Reussing, Merten und Lechtape. Halbbauern, Hofgröße bis zu 47 Morgen, waren Schöttler, Geesmann, Godde, Wienhöfer genannt Gantefüher und Hütter. Kötter, Kottengröße bis zu 27 Morgen, waren Pleßmann, Klodt, Passmann genannt Münch, Holländer, Knüfer, Albers, Schulte genannt Groß, Kemper, Sandkühler, Heinrich Hütter und Albrecht. Die Wissenschaft allerdings nimmt allgemein eine andere Einteilung vor. Nach ihr bezeichnet man in früheren Jahrhunderten denjenigen Bauern, der auf einer ungeteilten Hofstelle saß, als Vollbauern und den auf der geteilten Hofstelle als Halbbauern. Kötter, ursprünglich Siedler mit kleinem Besitz, Garten und Kotten auf den Gemeinheiten oder bäuerlichen Besitzungen, gab es erst seit dem späten Mittelalter. Sie erwarben aber allmählich bedeutenden Besitz und wurden häufig den Voll- und Halbbauern bei der Nutzung der Mark

gleichgestellt. Anders als bei Dorider wird Merten in einem älteren Register nicht als Bauer, sondern als Halbbauer bezeichnet, Albers – bei Dorider ein Kötter – ebenfalls als Halbbauer.
Das Kriterium der Vollbauernstelle, „der vom Ackerland (Hoffeld) durch einen Zaun gesonderte Grund und Boden, auf dem das Haus mit Nebengebäuden steht und der meist auch Gartenland enthält", klingt in der Urkatasterkarte von 1822 noch an. Ursprünglich werden die Felder der ältesten Höfe in Hillen wohl vor ihren Höfen gelegen haben, ehe sich Kötter in der Nachbarschaft auf den Feldern niederließen. Da die Hillener Hofaufsitzer im Laufe der Jahrhunderte bemüht waren, den Besitz ihrer Ländereien zu vergrößern, ging der direkte Zusammenhang zwischen Hofstelle und Feldflur mehr und mehr verloren.
Eine Bürgerrolle aus dem Jahre 1832/33 gibt Einblicke in die Vermögensverhältnisse der Bewohner Hillens. Das Grundsteueraufkommen betrug in Hillen insgesamt 462 Taler, 20 Silbergroschen und 6 Pfennige. Davon zahlten

21 Ackersmänner	404 Taler	25 Sgr.	6 Pf.
6 Handwerker	14 Taler	21 Sgr.	6 Pf.
23 Tagelöhner u. 1 Müller	43 Taler	3 Sgr.	6 Pf.

An der Spitze der Besteuerung lagen die alten Höfe Sanders, Pill, Reussing, Merten und Schulte, gefolgt von Ganteführer und Schöttler, die alle zusammen mehr als die Hälfte des gesamten Grundsteueraufkommens aufbrachten.

Anzahl der Häuser in Hillen 1744 bis 1855

Jahr	1744	1782	1788	1803	1810	1832	1855 Häuser
	33	42	37	37	41	45	99[1])

[1]) mit Bruch

Aus den Jahren 1788 und 1803 liegen Feuertaxationslisten vor, aus denen der Taxwert der Wohnhäuser, Scheunen und Backhäuser in Hillen abgelesen werden kann.

Taxwerte der Häuser in Hillen 1788 und 1803

Taxw.	55–90	100–200	220–300	325–360	400–550	1300	Reichst.
1788	10	17	6	1	3	–	Häuser
1803	8	13	7	5	3	1	Häuser

Taxwerte der Scheunen in Hillen 1788 und 1803

Taxw.	15-25	30-50	60-65	100-125	225	Reichst.
1788	3	5	2	4	-	Scheunen
1803	3	4	2	4	1	Scheunen

Taxwerte der Backhäuser in Hillen 1788 und 1803

Taxw.	10	15	20	25	30	40	50	Reichst.
1788	-	2	1	2	1	1	1	Backh.
1803	1	2	2	2	1	1	1	Backh.

Zum Vergleich: Das Haus Albers am Markt wurde 1788 auf 320 Reichstaler taxiert.

Aus den Tabellen läßt sich entnehmen, daß einige Scheunen höher taxiert wurden als einzelne Wohnhäuser und daß nicht alle Bauern und Kötter Scheune und Backhaus besaßen. Besitzer der Backhäuser waren Sanders, Schulte, Schöttler, Beckmann, Pill, Reussing, Hütter, Merten, Paßmann und Geesmann. Scheunen hatten Sanders, Schulte, Schöttler, Pill, Pleßmann, Beckmann, Gantefführer, Knüfer, Albers, Merten, Reussing, Wienhöfer, Rademacher und Hütter.

Wandel kündigt sich an

Als die Auswanderungswelle nach Amerika in den dreißiger Jahren des vorigen Jahrhunderts auch das Vest Recklinghausen erfaßte, verschonte sie die Bauerschaft Hillen nicht. Mißernten in den Jahren zwischen 1817 und 1847, Hungersnöte und Mangel an Arbeitsplätzen waren die Hauptgründe dafür, daß von 1842 bis 1849 649 Personen aus dem Kreis Recklinghausen die Reise nach Nordamerika antraten, unter ihnen 26 aus der Stadt Recklinghausen und 30 aus Hillen. Etliche wanderten auch ohne behördliche Genehmigung aus. Die städtische Verwaltung und freiwillige Hilfsvereine versuchten gemeinsam, die größte Not unter der Bevölkerung zu lindern. Es wurde Getreide aus dem Ausland angekauft, 1817 aus dem Ostseeraum, 1846 mit Hilfe des Herzogs von Arenberg, der der Stadt ein zinsloses Darlehen in Höhe von 3500 Talern gewährt hatte, aus Rußland. Freiwillige Helfer buken

Brot, das unter die Armen der Stadt verteilt wurde. Die Bauern und Kötter erhielten das Getreide zwei Taler unter dem Einkaufspreis als Saatgut ausgeliefert.

Den Anfang der Auswanderung aus Hillen machten 1846 der Kötter Johann Bohnenkamp, geb. 1813, der erst 1843 das Bürgerrecht erworben hatte, mit acht Familienangehörigen und der Sattler Wilhelm Schöttler, geb. 1816, mit drei Personen. Ihnen folgten 1847 der Ackerknecht Johann Hermann Albers, geb. 1813; er ging allein, und der Ackersmann Theodor Heinrich Essmann, geb. 1804, ein Neubürger, mit einer Person. 1849 machten sich schließlich der Ackerer Henrich Sandkühler, geb. 1810, mit seiner vierköpfigen Familie, die ledige Dienstmagd Anna Münch, geb. 1822, und die achtköpfige Neubürgerfamilie des Peter Ehrenberg, geb. 1804, auf die beschwerliche Reise über den „großen Teich". Bernard Schöttler hatte es ebenfalls nach Amerika gezogen; er kehrte aber nach dem Tode seiner Frau wieder zurück. Aus dem benachbarten Berghausen trieb es im selben Zeitraum 22 Personen in die Ferne; die Familienväter waren nahezu alle in der Landwirtschaft tätig gewesen.

Bereits 1838 kündigte sich in Hillen der Bergbau an, der in der zweiten Hälfte des 19. Jahrhunderts eine Strukturveränderung des wirtschaftlichen Lebens der Stadt Recklinghausen und ihrer Umgebung bewirkte. Wilhelm de Roye und Adolf Wicking reichten beim Herzog von Arenberg ein Gesuch ein, nach Steinkohle schürfen zu dürfen, und baten darum, ihnen einen Distrikt an der Bauerschaft Hillen „vom sogenannten Sanders Sprinck auf 5oo Lachter (1 Lachter = rund 2 m) gegen Westen, 250 Lachter gegen Norden und 250 Lachter gegen Süden unter dem Namen Wilhelmus zu überlassen." Beide zogen aber ihr Gesuch am 11. Dezember 1839 wieder zurück.

Der Bergbau konnte zwar auf dem Territorium Hillens keinen Fuß fassen, die alte Bauerschaft blieb jedoch von Veränderungen nicht unberührt. Hillen wuchs allmählich über seinen alten Kern hinaus; dafür sorgte der Zuzug eines Teiles jener Neubürger, die sich im Bergbau ihren Lebensunterhalt verdienten. Neue Häuser mußten gebaut werden.

1899 hatte Hillen bereits 1280 Einwohner, unter ihnen waren 160 Bergmänner und 1 Zechenschmied. Am 1. Oktober 1899 wurde die Bauerschaft Hillen in Recklinghausen-Hillen umbenannt.

Am 1. Dezember 1900 zählte der Stadtteil 1570 Einwohner, hatte 145 Häuser, davon 37 auf der Hillerheide. Am 1. Oktober 1904 hieß er schließlich Recklinghausen Ost, und 1910 wohnten in diesem Stadtteil 3252 Menschen.

Nach dem Statistischen Vierteljahresbericht der Stadt Recklinghausen 4/83 (Oktober bis Dezember 1983) lebten im Stadtteil Ost Ende 1983 insgesamt 21.122 Menschen, davon 10.003 männlich und 11.119 weiblich. Nach Konfessionen: 11.420 römisch-katholisch, 7.322 evangelisch, 2.358 sonstige.

Zum Vergleich: Die Stadt Recklinghausen hatte nach dieser Statistik eine Gesamtbevölkerung von 118.609 Menschen, davon 55.744 männlich und 62.865 weiblich. Nach Konfessionen: 62.336 römisch-katholisch, 41.218 evangelisch, 15.055 sonstige.

Von der Gesamtfläche der Stadt Recklinghausen – 6.640 Hektar - hat der Stadtteil Ost einen Anteil von 835,52 Hektar.

Zur Erläuterung: Der Stadtteil Ost umfaßt die Statistischen Bezirke Ost (Nr. 110), Berghausen, westlicher (111) und östlicher Teil (419).

Eine Bebauungswelle, die in der zweiten Hälfte unseres Jahrhunderts am Rande des alten Bauerschaftkerns ihren Anfang nahm, bedeckte den „Quellberg", die alte „Hoywasch", das „Hillerfeld" und die Felder „im Pasche" mit Neubauten, die sich mehr und mehr der Flurgrenze zu Berghausen nähern. Nahezu unbebaut blieb bisher der „Fritzberg", der in älteren Quellen „Vrydagesberg (1436)", „Frysberg" oder „Freyesberg" genannt wird. Die ursprüngliche Bedeutung seines Namens, ebenso wie die des „Quellberges", in älteren Quellen (15. und 16. Jhdt.) „Quatberg", „Qualberg", „Quolberg", ist im Laufe der Jahrhunderte untergegangen.

Anhang

1532 Türkensteuerliste
Herbart Droge, Everdt in Hyllen, Henrik Goddeken, Herman Greve, Hinrik Klott, Rutger Knuffer, Rutger Lentbertinck, Mertyn Lousshake, Clawes Molner, Else Pauls, Thonys Pyll, Reussinck, Szander, Dirick Weymann.

1574 Türkensteuerliste
Engelbert Cloith, Johan Cracht, Johan Everdes, Cordt Godde, Johan Godde, Johan Greve, Hanueman, Henrich Knuver, Johan Lechtape, Johan im Kampe, Barbar Mollers, Peter Monnynck, Johan Pleßman, Lutze Pyll, Costen Reußingk, Rotger Schror, Claß Schulte, Cordt Schutteldreer, Jacob Sanders, Aleff Vauth.

1597 Schatzungsliste
Costen im Berge, Johan Geistman, Diderich Godde Johan am Hillerbohme, Heinrich Houeman, Joist Kaldewey, Rotger im Kampe, Bertoldt Kloet, Seer Mertens, Heinrich Monningk, Thonnies Pill, Heinrich Pleßman, Johan Reußingk, Reiner Reußingk, Cordt Schotteldreer, Rotger Schroder, Thonnies Schulte.

1620/1622 Schatzungsliste
Costen uff dem Berge, Johan Berkelmann, Johan vor dem Bohme, Henrich Broeßes, Jorgen Bruine, Johan Gantenfhuerer, Johan Geistman, Diderich Godde, Heinrich im Kampe, Johan Kloedt, Bernd Kloet, Wittib Kloet, Reiner Knuver, Albert Koster, Seer Mertens, Diderich Monnick, Johan Monnick, Heinrich Piell, Diderich Pill, Jacob Pleßmann, Johan Pleßman, Heinrich Reußingk, Reiner Reußingk, Roeßings Sohn zu Hillen, Melchior Schulte, Melchior Stimberg, Cordt Stroeschneider.

1668 Schatzungsliste
Bernt Albers, Berndt Beckmann, Diederich auf der Becke, Henrich Bredendeck, Melcher Broßes, Bertholt im Campe, Ganten-

fuhrer, Diederich Geistman, Geistman o.V., Johan Godde, Melcher Godde, Berndt Hilberg, Jobst Hilberg, Bernt Holtman, Honacker, Henrich Mertens, Henrich Monnik, Johan Monik, Ophof, Johan Pannebecker, Berndt Pill, Dierich Pill, Bernt Pleßmann, Henrich Pleßmann, Diderich Porte, Johan Reinartz, Gert Reusing, Henrich Reusinck, Diederich Sanders, Merten Schachtmann, Jobst Scheper, Henrich Schotteldreyer, Schulte tho Hillen, Johan Stromberg.

1723 Schatzungsliste
Henrich Alderogge, Franz Beckman, Henrich Beckmann, Berger, Dietherich Broß, Jorgen Dücker, Flaschkuhler, Jan Gantefuhrer, Merten Gantefuhrer, Geesman, Geldtenschneider, Godde, Hölken, Holländer, Kamphaus, Kloetz, Jan Knufer, Merten, Henrich Munch, Jan Munch, Melchior Munch, Jost Paßman, Jan Pfannebecker, Pill, Pleßmann, Herman Reiners, Berndt Reußing, Gerdt Reußing, Henrich Rhomberg, Sanders, Henrich Schachtman, Merten Schachtman, Jorgen Scheper, Witwe Dietrich Schepers, Schotteldreyer, Schulte, Sonntag, Claß Uhlenbrock sive Dükker, Witwe Vietor, Wyenhoffer.

1756 Schatzungsliste
Albers, Backe, Herm Beckmann, Beetman, Berger, Bross, Henrich Cämper, Jorgen Dücker, Flaskühler, Jost Frerich, Merten Ganteföhrer, Ganteföhrer o.V., Geesman, Geesman zu Pöppinghausen, Godde, Jan Hölken, Holländer, Cord Hütter, Henrich Klodt, Knüfer, Merten, Oberst Möller, Mönch, Mönch am Springe, Panhütter, Cordt Pantring, Pasman, Pill, Plesman, Reiners, Reusing, Sanders, Sandkühler, Joseph Schachtman, Schotteldreyer, Schulte, der Stumme, Wienhover.

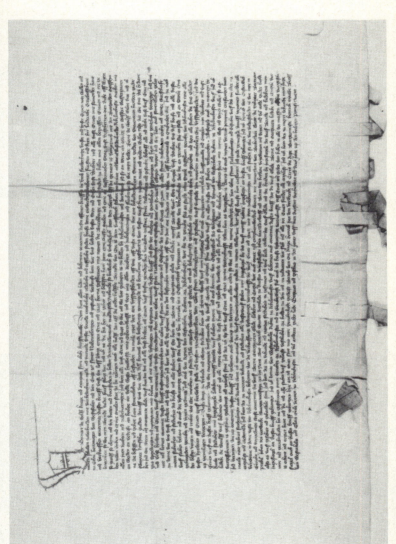

Dokument aus dem Jahre 1403: Bernard der Wolf verkauft dem Erzbischof Friedrich von Saarwerden eine Anzahl Güter und Gerechtigkeiten in Hillen. Urkunde aus dem NW-Staatsarchiv Münster, Rep. 131³, Nr. 27.

Notkirche um 1900: Standort auf dem Grundstück Suderwicher Straße 43, heute Castroper Straße

Frühe Ansicht vom „Zentrum" Recklinghausen Ost: Suderwicher Straße (heute Castroper Straße) auf einer Ansichtskarte um 1905

„Zentrum" Recklinghausen Ost vor 60 Jahren: Ansichtskarte um 1925

Ortskern Ost heute: Castroper Straße mit Einmündung Rosen- und Liebfrauenstraße

1971 abgerissen: Hof Reußing, erbaut 1787

Schönes Fachwerk: Bauernhaus in Berghausen

Die Besiedlung von Hillen und Berghausen

Von Adelheid Kollmann

Historischer Hintergrund

Ein geschichtlicher Abriß soll die Entwicklung unseres Heimatraumes darlegen und erklären, warum das Vest Recklinghausen kirchlich und politisch zum Erzstift Köln (Erzbischof von Köln – später Kurfürst) gehörte, bevor es preußisch wurde.
Das Land zwischen Ruhr und Lippe war in den Jahrhunderten nach Christi Geburt von den Brukterern besiedelt. Der hl. Suitbert missionierte sie. Am Ende des 7. Jahrhunderts waren die Sachsen in dieses Gebiet eingedrungen und unterwarfen die Brukterer. Suitbert mußte vor den Sachsen fliehen. Als Karl der Große 803 nach dem endgültigen Sieg über die Sachsen die drei westfälischen Bistümer Münster (Mimigerneford), Paderborn und Minden gründet, wird der alte Brukterergau mit der Diözese Köln vereinigt, wahrscheinlich, weil man es noch als früheres Zubehör des Frankenreiches betrachtete. Es mögen auch ethnologische Bande ausschlaggebend gewesen sein; denn die Brukterer werden zu den Rheinfranken gerechnet. Der Erzbischof von Köln erhielt nach 1180 Westfalen als weltliches Herrschaftsgebiet von Friedrich Barbarossa zugesprochen. So war das Vest Recklinghausen, der historische Go-Gerichtsbezirk, nicht nur kirchlich (bis 1821), sondern auch politisch zu Köln gehörig (bis 1802). Unter dem „Krummstab Kölns" wurde das Vest durch Vertreter des Landesherrn regiert. Der Statthalter übte die Aufsicht über Polizei und Verwaltung aus. Für die Finanzverwaltung (Güter, Forsten, Zölle) war die sog. Oberkellnerei auf Schloß Horneburg zuständig (Wolf).
In der Kölnischen Zeit hat die Bevölkerung des Vestes durch viele im Mittelalter übliche Fehden gelitten. Die seit dem Ende des 16. Jahrhunderts aufeinanderfolgenden Kriege, die Truchsessischen

Wirren (Kölner Krieg), der 30jährige Krieg, der Österreichische Erbfolgekrieg und die Feldzüge im 18. Jahrhundert hatten Besetzungen, Kontributionen, Materiallieferungen, Not und Seuchen zur Folge (Wolf). Andererseits versuchten die Kurfürsten auf sozialem Gebiet durch Reformen ihren Untertanen zu helfen, die oft trotz Not und Armut ihre Habe verschwendeten und immer mehr verarmten. Ein wesentlicher Grund dafür waren die vielen Feiertage, besonders aber die lang andauernden Feiern der Fastnacht. Ein erstes Verbot wurde schon 1595 erlassen und 150 Jahre später erneuert. Auch andere Feste wie Hochzeit, Taufe, Leichenschmaus, Kirchweih, Richtfeste, überhaupt alle geselligen Zusammenkünfte in der Öffentlichkeit, die oft Volksfestcharakter angenommen hatten, sollten eingeschränkt werden (Bongartz). Die Zahl der kirchlichen Feiertage wurde vermindert, und ein Teil der Prozessionen, besonders die, bei denen man über Nacht fortblieb, wurden verboten.

Auch vor der rigorosen Ausnutzung der Wald-, Heide- und Weidebestände der Marken, die der Allgemeinheit gehörten, warnte die kurfürstliche Verwaltung. Als Vorschriften und Verbote mißachtet wurden, begann die Aufteilung der Marken mit der Intention, daß das Land in privater Hand besser bewirtschaftet würde. In Verwaltung und Wirtschaft hatte sich ein sorgloser Schlendrian eingenistet, gegen den der letzte Kurfürst, ein Sohn Maria Theresias, besonders anging (Wolf).

Nach dessen Tod 1801 erhielt der Herzog von Arenberg das Vest zugesprochen, das er 1802 als Entgelt für seine linksrheinischen Besitzungen, die er an Napoleon verloren hatte, übernimmt. 1811 wird das Vest zum Herzogtum Berg (Hauptstadt Düsseldorf) geschlagen. In den Verträgen des Wiener Kongresses 1815 wird Westfalen Preußen zugesprochen, und 1816 endgültig in das Königreich Preußen eingegliedert. Aus dem historischen Vest wurde weitestgehend der Kreis Recklinghausen (Gladen).

Die preußische Regierung, deren Beamte sorgfältig und korrekt arbeiteten, ist nach Aussagen von Hillener und Recklinghäuser Gewährsleuten (Volkskundlicher Arbeitskreis) nicht beliebt gewesen. Einige Aussagen sollen hier zitiert werden: „Mein Großvater war ein Patriot, der im Krieg 1870/71 für das Vaterland gekämpft hat, aber von den Preußen wollte er nicht viel wissen.","Die

Preußen waren katholikenfeindlich", ist das Urteil mehrerer Mitarbeiter. Der Kulturkampf hat sicher zu dieser Meinung beigetragen. „Mein Meister erhielt keine öffentlichen Aufträge (1920er und 30er Jahre), weil er katholisch war. Die bekam nur die Konkurrenz, die evangelisch war." Solche und ähnliche Aussagen sind einige Stimmen aus dem Volk. „Prüßsch" (preußisch) – dieser Ausdruck wurde oft etwas verächtlich gebraucht, bestätigte eine Mitarbeiterin. Was sagt die Geschichtsschreibung zum Verhältnis preußische Verwaltung - einheimische Bevölkerung? Dorider weist auf die Passivität der Recklinghäuser Bevölkerung in Fragen des öffentlichen Lebens hin. In der 1848er Revolution aber hatte die Bevölkerung politische Ziele. Sie strebte eine Verbesserung der wirtschaftlichen Verhältnisse und die religiöse Freiheit an. Damals haben sich die Hillener Bauern an einem Protestzug gegen die preußische Regierung beteiligt. In den Wirren der Märztage ging das Gerücht um, der Recklinghäuser Bürgermeister Franz Bracht (jun.), der liberale Ideen vertrat, sei von den Preußen in Afrest genommen worden. Die Hillener zogen zur Stadt und protestierten dort. Franziska Sandkühler schreibt von den Erinnerungen ihres Vaters Wilhelm Schöttler an diese Tage: „Mein Vater erinnerte sich noch an dieses Revolutionsjahr, wo die Jungen und Männer mit roten Mützen (Nachahmung [der] Jakobinermützen) herumzogen und Protestlieder sangen. Ich glaube gern, daß dieses Treiben den kämpferischen Sinn des kleinen Jungen geweckt hat und sich das Bild dieser Tage tief in die Seele des Kindes einprägte."

Die Recklinghäuser wurden für das revolutionäre Verhalten der Bürger und „Paohlbürger" von der Regierung in Berlin bestraft. Das Kreisgericht kam nach Dorsten, und Bürgermeister Bracht wurde abgesetzt (Dorider).

Die vielfache Abneigung der Bürger gegenüber der Regierung verstärkte sich durch diese Ereignisse. Maßgeblich waren auch der veränderte Verwaltungsstil, die verschiedenen Bekenntnisse der Einheimischen und Zuwandernden und die Bevorzugung letzterer für die öffentlichen Ämter. Jedoch haben alle an der unter der preußischen Regierung aufstrebenden Wirtschaft gern partizipiert.

Geologische Grundlagen

Die Bauerschaft Hillen liegt am südlichen Abhang des Fritzberges, an einer der Erhebungen des Recklinghäuser Höhenrückens, auch Vestischer Höhenrücken genannt. Dieser Höhenzug entstand im Erdmittelalter, in der Kreidezeit. Hier überschwemmten riesige flache Meere den Kontinent. Das warme Klima gab Pflanzen und Tieren im Wasser und in den Feuchtzonen gute Lebensbedingungen. Im Wasser lebten außer Kleinstlebewesen viele Tiere, die eine Kalkschale trugen wie Muscheln, Schnecken, Ammoniten und Tintenfische, die große Ausmaße erreichten. Die toten Tiere sanken auf den Meeresboden, und im Laufe von Jahrmillionen baute sich ein mehrere hundert Meter hoher Bergstock, bestehend aus Kalk, Sand und Ton, auf. Verschiedene Schichten lagerten sich übereinander. Es entstanden Kalkmergel, der sogenannte Emschermergel und Recklinghäuser Sandmergel. Der Kalkmergel wird bei Luftzutritt sehr hart, nimmt eine graue Farbe an und verwittert nur langsam. Der Mergel ist die Grundlage für die Fruchtbarkeit des Vestischen Höhenrückens. Aus Mergelkuhlen auf dem Fritzberg holten sich die Hillener und Berghäuser Bauern den Kalkmergel und fuhren ihn als Dünger auf ihre Felder. Geologisch interessante Funde, die man in Baugruben und an Wegrändern auf den Höhen des Oster Raumes entdecken kann, weisen auf das ehemalige Kreidemeer hin (Muscheln, Ammoniten, Belemniten). Auch die Eiszeit (Saale-Eiszeit bis zur Ruhr) hat Spuren hinterlassen. Geröllsteine (Findlinge) verschiedener Größe und Form und verschiedenen Ursprungs, die das Eis aus den skandinavischen Ländern mitgeführt hat, wurden abgesetzt. Die durch das Mahlen des Gerölls entstandenen fruchtbaren Geschiebelehme legten sich über den Mergel.
Zwei sog. Täler im Oster Raum verdanken ihre Entstehung der Eiszeit und sind nicht, wie man vermuten könnte, durch Auswaschungen einer Quelle oder eines Baches entstanden. Es sind dies das wannenartige Tal im Loh gegenüber dem Gasthof Wember und das Johannestal, östlich der Schrebergärten im Loh, am nördlichen Ende der Annastraße.
Nach Rückzug des Eises blieb der Boden noch ständig gefroren und taute nur im Sommer oberflächlich auf. An den Hängen

des Vestischen Höhenzuges brachen die von Schmelzwässern und Schnee durchnäßten Schollen der Oberschicht ab und rutschten über den gefrorenen Untergrund in Richtung einer Eintiefung, gebildet durch eine Quellnische, wahrscheinlich die des Esseler Mühlbachs, ab. Dieser Vorgang wiederholte sich in jeder warmen Jahreszeit. Die abgebrochenen Schollen wurden durch Regenwasser in die Vertiefung geschwemmt. So entstand nach und nach ein kleines schluchtartiges Tal, das immer weiter in die Höhe des Landrückens einbrach. Dieser Vorgang, der etwa 15000 Jahre anhielt, fand mit dem Einzug eines wärmeren Klimas, durch das der Boden vollständig auftaute, seinen Abschluß (Lutz Krüger). Krüger beobachtete, daß noch heute durch Erosion und Abrutschungen kleineren Ausmaßes geringfügige Abtragungen stattfinden. Für das o.g. Johannestal treffen diese Vorgänge gleichfalls zu. Südlich dieses Tales ist eine Quellnische vorhanden, die durch den Bach, dessen Quelle in den Wiesen westlich der Höfe an der Bergstraße liegt, gebildet wird. Wenn man, was selten vorkommt, fließendes Wasser im Talgrund beobachten konnte, so stammte es nicht aus einer Quelle, sondern aus einem Überlaufrohr des Wasserturms, das am oberen nördlichen Talanfang endete.
Die beiden Vertiefungen, „Täler" genannt, müßten als „Delle" bezeichnet werden. In den vergangenen Jahrhunderten wurde die Delle beim Gasthaus Wember „Hellepot" (Höllenschacht) genannt.
Von den Zeugen der geologischen Vergangenheit unseres Stadtteils berichtet Ulrich Tietz, der in den Aufschlüssen der Baugruben interessante Funde gemacht hat.

Die Namen der Bauerschaften Hillen, Berghausen und Röllinghausen

Der Name Hillen wird in der Literatur von seiner Lage her gedeutet. „In den Namen der Höfe und Dörfer spiegeln sich die ursprünglichen Bodenbeschaffenheiten und geschichtlichen Siedlungsverhältnisse wider. Die Art des Geländes, Wald, Heide, Niederungen, Wasser und Weide haben den Siedlungsplätzen ihren Namen gegeben." (Sartori)

Der Name Hillen wird allgemein als „schräger Hang" gedeutet. Die sog. Hille ist der schräge Raum über den Ställen auf der Bauerndeele. Pennings führt den Namen Hillen auf seine Lage am Südhang des Vestischen Höhenrückes zurück. Hillen sei abzuleiten von „Helle", das wir in Hellbach, der vorher Hellebecke, gleich heller-klarer Bach genannt wurde, wiederfinden. Ehemals hieß dieser Bach, dessen Quellen in Sanders Wiesen lagen, „die Lechtape". Auf uralte Siedlungen weist das Fluß- oder Bachnamenwort = apa hin, das aus der keltischen Sprache kommt und dort Fluß, Bach bedeutet. Die Lechtape ist der „lichte, helle Bach". Vermutlich hat der Bach seinen Namen an den anliegenden Hof Lechtape (ehemaliger Hof an der Unteren Mühle) abgegeben, und man hat einen anderen Namen für den Bach wählen müssen. Der neue Name Hellebecke ist die wörtliche Übertragung der alten Bezeichnung. Diese Übertragung erfolgte wahrscheinlich zu einer Zeit, als man noch die Bedeutung des alten Namens kannte (nach Pennings – urkundlich 1561). Hillen wird 1050 als Hilinon urkundlich zum erstenmal erwähnt (Burghardt). Die Bauerschaften Berghausen (1050 Barchhusen) und Röllinghausen (Oberröllinghausen an der Bergstraße) sind spätere Gründungen, denn die Endungen -ithi, -hausen, -bur, -hof, -höfen sind sächsischen Ursprungs (Bußmann). Diese Siedlungen seien angelegt worden, als der fruchtbare Boden schon unter dem Pflug war. Sie dürften also nach 700 n. Chr. entstanden sein. Pennings bezeichnet Röllinghausen, das 1417 Rodelinchusen genannt wird (Urkunde über den Zehnten von Rodelinchusen), als fränkische Siedlung und meint, daß diese Ansiedlung Rodungen zur Folge hatte. Namen wie „bi Vrenckingk", Vrenckinck 1396, Frenkinghof (1436), Frenking Pfad (1419), weisen auf eine fränkische Besiedlung hin.

Voraussetzungen für Ansiedlungen

Die Lage Hillens erwies sich als sehr günstig für eine Besiedlung. Bäuerliche Ansiedlungen müssen genügend Wasser für Mensch und Tier bieten. Ihre Lage sollte geschützt sein vor Kälte und Wind. Fruchtbarer Boden war in der Nähe auf dem Vestischen Höhenrücken und seinen Abhängen in genügendem Maße vorhanden. Der Bauer erstellte die Hofgebäude möglichst nicht auf dem fruchtbaren Boden. In Gebieten mit verschiedenen Bodenqualitäten baute er Haus und Hof auf den angrenzenden schlechteren Böden. Pennings erwähnt als weiteren Aspekt für eine Ansiedlung die Sumpf- und Moorgebiete südlich und südwestlich von Hillen, die in unruhigen Zeiten als Unterschlupf dienen konnten. Wasser gab es reichlich an verschiedenen Siedlungsplätzen von Hillen. Im Quellgebiet des Hellbachs, bei den sog. „Sieben Quellen", lagen feuchte Wiesen, von denen eine die „Faule Wiese" genannt wurde. Im Winter stand sie unter Wasser, und bei kalter Witterung konnte man hier Schlittschuh laufen. Frau Franziska Sandkühler erzählte, daß beim Betreten des Quellgebietes Fontänen bis zu einem Meter Höhe aus dem Grund aufstiegen. Die Quellwasser flossen in Richtung Süden und nahmen den vom Lohtor kommenden Mühlbach auf. Der Bachlauf wurde von da an Hellbach genannt. Die heutige Einmündung liegt in der Nähe der Eisenbahnbrücke am neuen Kreishaus.

Andere Quellen gab es an der Nordseite der Straße Hillen bei Dorlöchter, heute Hillen 3, und bei Klein-Alstedde, heute Spielplatz an der Nordseite dieser Straße. Alois Hölken, geb. 1894, berichtet, daß diese beiden Springs recht unterschiedliches Wasser hatten und daß seine Mutter ihre Wäsche lieber in Dorlöchters Spring gespült habe. (Spring = Quelle, in Hillen waren es meistens gefaßte Quellen). Josef Zimmermann ergänzt, daß man beim Bau des Hauses Hillen 13 an zwei Stellen auf Quellen stieß. Das Wasser von einer Quelle sei warm gewesen, man hätte den Wasserdampf aufsteigen sehen können. Das Wasser dieser Springs floß als kleiner Bach, der früher „Schöttlers Graben" genannt wurde, nach Südwesten zwischen den Höfen Schöttler und Plessmann, heute Wirtschaft „Am Dreieck", her. Frau Sandkühler schreibt von diesem Bach: „Neben Plessmanns Haus war ein freundlicher Garten mit vielen Blumen. Ein kleines Bächlein, das aus dem gegenüberliegenden Spring kam, trennte ihn von Schöttlers Anwesen." Der Bach bewässerte in seinem weiteren Verlauf eine Heuwiese, die westlich der Castroper Straße lag, und mündete schließlich in den Hellbach.

In der Bauerschaft Hillen lag ein Spring vor Knüvers Hof, Hillen 57, an der Straße. Sein klares Wasser wurde zum Kühlen der

Milch, aber auch bei Krankheiten als Augenbad oder zum Kühlen verwendet. Maria Knüver (geb. 1915) erzählte, daß der Arzt. Dr. Eichel, der an der Castroper Straße eine Praxis hatte, sich bei Krankenbesuchen jedesmal ein Glas mit dem wohlschmeckenden Wasser holte. Der Spring, der zuletzt etwa 1 1/2 m unter dem Straßenniveau lag, floß, in Röhren gefaßt, unterhalb der Gosse an der östlichen Straßenseite ab. Im südlichen Teil der Straße ergoß er sich in einen Graben, wurde unter die Castroper Straße geführt und lief dort in einem Graben westlich dieser Straße weiter zum Hellbach. Im Haus Hillen 43, Familie Dewenter, steht noch eine Pumpe im Flur. Im Zweiten Weltkrieg konnten nach einem Bombenangriff, der die Wasserleitungen zerstörte, die Nachbarn hier Wasser holen. Früher sei im Garten ein Brunnen gewesen, erzählt Frau Dewenter. Der Hof Reußing, heute stehen dort die Häuser Hillen 61/65, hatte an der Straße einen Spring, in dem man die Milchkannen kühlte.

Eine interessante Information zu Springs und Bächen in Hillen gab Alfons Verstege in der „Recklinghäuser Zeitung" vom 12./13. Oktober 1968. Er zitiert aus einer Familienchronik, die Frau Elisabeth Böhling 1940 geschrieben hatte: „Einst stand in Hillen der Mertenshof, wo", wie Frau Böhling schreibt, „mehrere Quellen entsprangen, die in zwei Springs zusammenflossen und von den Bauern für die Wäsche ausgebaut worden waren. Dieses Wasser floß in einem Bach ab, der auf Mertenshof durch den Keller floß, dann durch die Wiesen hin bis zur Emscher." Hier muß korrgiert werden: ... bis zum Hellbach, der zur Emscher floß. Der Hof Albers hatte einen Spring, der noch nach dem Zweiten Weltkrieg quoll. Auch hier holten sich die Nachbarn Wasser, nachdem die Wasserleitung zerstört worden war. Auf dem „Dreieck" zwischen der Einmündung der Straße Hillen und der Castroper Straße (heute Tankstelle), floß nach dem Krieg ein starker Spring, den man einfaßte und unter die Castroper Straße her zum „Graben" leitete, berichtet Hermann Reising. Die Höfe Hillens waren also mit Wasser versorgt, das man aus Quellen und Brunnen holte und später mit Pumpen zutage förderte.

Die geschützte Lage Hillens ist heute noch von der Höhe des Fritzberges aus zu erkennen. Vor kalten Nordwinden schützt dieser Hang, vor den Ostwinden der Quellberg. An der Westseite der

Gehöfte schaffte sich der Bauer einen künstlichen Schutz, bestehend aus einer Eichen- und Eschenpflanzung mit niedrigem Gebüsch, heute noch beim Gehöft Knüver zu erkennen.
Die zum Recklinghäuser Landrücken gehörende Hochfläche des Knickersbergs (am Wasserturm) und ihre südlichen Abdachungen, der Fritzberg und der Schultenberg sowie der Quellberg, boten den bäuerlichen Siedlern fruchtbaren Ackerboden. Am Übergang zu den Heide- und Sumpfgebieten der Hiller Gemarkung lag der Siedlungsplatz der Hillener Bauern.

Wege in Hillen

Eine aufschlußreiche Deutung der Entstehung der Hillener Wege hat Josef Reiners aus Hillen gegeben: „Die Wasserläufe von den umgebenden Feldern bildeten die ersten Verkehrsstraßen, immer wieder mit den aus dem Ackerboden gesammelten Feldsteinen befestigt. So war es auch mit der jetzigen, durch Alt-Hillen führenden Hauptstraße, an deren höchster Stelle beim heutigen Geesmannschen Hof (heute Am Quellberg 2) sich die vom Quellberg kommenden Regen- und Schneeschmelzfluten teilten und nach Süden und Westen abflossen. Überschwemmungen behinderten den Verkehr erheblich und führten zur Anlage von Verbindungswegen wie Helle, am heutigen Feuerwehrdepot vorbei über Schöttlers Hof führend, sowie Pills Gäßchen, das den Zugang zum Breisken (südlich der Hubertusstraße) und zur oberen Mühle (westlich des Bahnüberganges Hubertusstraße) ermöglichte."
Die Hell zog als Richtweg westlich von Schöttlers Hof, Hillen 18, nach Süden und stieß südlich der Wirtschaft „Alt Hillen" wieder auf die heutige Straße Hillen. Sie war als „Pöppinghäuser Leichenweg", als „dat Dodenströtken" (Totenstraße) bekannt. Im Unterschied zum Pöppinghäuser Kirchweg, den die Bewohner Pöppinghausens beim sonntäglichen Meßgang benutzten, fuhr man über die Hell die Toten von der Ortschaft Pöppinghausen, die südlich der Emscher liegt, zur Petruskirche in Recklinghausen.

Siedlungsplätze von Hillen

Die ersten Siedler in der Hillener Gemarkung haben sich vermutlich an den Sieben Quellen niedergelassen. Hier lag auch der Haupthof der Bauerschaft, der Abdinghof, „Eppinghof" genannt, in Urkunden als „epdinchoef" oder Ebding(k)hof bezeichnet, der als späteres Eigentum des Klosters Werden ein Hof des Abtes war und als Haupthof die Abgaben der Unterhöfe sichern mußte. Die Forschung weist nach, daß in alter Zeit die bäuerlichen Ansiedlungen aus einem Haupthof und fünf bis sieben Unterhöfen, später mehr, bestanden. Diese bildeten zusammen eine Bauerschaft oder Bur (Sartori). Die Unterhöfe des Haupthofes Hillen lagen nicht, wie das gemeinhin üblich war, in der nahen Bauerschaft, sondern im gesamten Vest. Nahe dem Abdinghof, der bis zu seiner Auflösung im Besitz der Familie Sanders war, lag der Hof Schulte am Eingang der Straße Sieben Quellen, früher Oststraße. Die Familie nannte sich später Schulte Hillen. Der Weg, der von der Horneburger Straße (Dortmunder Straße) abzweigte und durch Hillen führte, machte einen Bogen um das Schultesche Gehöft. Der im südlichen Teil der Oststraße gelegene Hof Paßmann war jüngeren Datums (s.a. S. 66).

Vermutlich erfolgte die Besiedlung an den Quellen und Gräben Hillens erst später. Zu der frühen Besiedlung gehörte sicher der Hof Klodt (später Neuhäuser), der an der „Hell" (Westseite) lag. Klodts Nachbar Schöttler, nach der Familiensaga früher Schötteldreier mit Namen, ist 1573 von Pöppinghausen nach Hillen gekommen. Die Überlieferung erzählte, daß ein Schötteldreier vom Niederrhein stammend, dort Land und Hof kaufte. Als einer der alten Höfe Hillens wäre der Goddenhof anzusprechen, der 1908 nach Heirat der Tochter aufgegeben wurde. Er lag an der Hell auf deren westlicher Seite in einem größeren Abstand zu den o.g. Höfen. Auf der dahinter liegenden sumpfigen Wiese gab es einen Graben, der Wasser führte, wie es überhaupt auf der westlichen Seite der Straße Hillen nasse Wiesen mit Gräben gab.

Weiter südlich lagen an der westlichen Straßenseite die Höfe Pill (heute Hillen 52-58), Wienhöfer gnt. Ganteführer, früher Gantefohder (Hillen 62), Merten (heute Hillen 64-68), Albers, später Gremme (heute Hillen 72-76). An der östlichen Seite der Straße lagen nur die Gehöfte von Knüver (Hillen 57) und Reußing/Reißing (heute Hillen 59-61), beide durch einen Spring mit Wasser versorgt. Die erwähnten Höfe scheinen auf Grund ihrer Lage sehr alt zu sein. Fraglich ist, ob der Hof Geesmann, früher Geistmann, später Schöttler gnt. Geesmann (Wohnhaus Hillen 20) jünger ist. Er lag nicht an der Hell, sondern an einem nach Osten ziehenden Teil des Hillener Weges, der durch Wasserfluten dauernd gefährdet war. Geistmann wird urkundlich 1597 erwähnt.

Es ist anzunehmen, daß die Besiedlung des südlichen Teils von Hillen, am sog. „Pläsken", erst später folgte. Dieser Name wurde von Elisabeth Miara, geborene Booke gnt. Pantring, deren Vorfahren schon seit Jahrhunderten am Pläsken saßen, als kleiner Platz gedeutet. Hier standen die Gehöfte enger zusammen als im nördlichen Teil der Bauerschaft. Interessant ist, daß an der westlichen Straßenseite die Gebäude von drei Höfen einen kleinen Platz umstanden, der gemeinsam als Hofraum genutzt wurde.

Ausschlaggebend dafür waren vermutlich die kleinen Hofgrundstücke, die den Siedlern zur Verfügung standen. Es waren die Höfe von Quinkenstein gnt. Broß (in Urkunden Bröhs), Hillen 84, Schlüter gnt. Koodts und Kemper (heute Tankstelle Ecke Castroper Str./Hillen), um 1920 nach Heirat der Tochter aufgegeben. An der östlichen Straßenseite lagen die Kotten von Reising (heute Hillen 89), Hestermann (ehemals südlich von Hillen 91), Pantring/Booke, heute Castroper Straße 159/161 und Dörlemann, Castroper Straße 171.

Bei Ausschachtungsarbeiten für das sog. Zechenhaus (Hillen 91) fand man 1890 eine Flachskuhle („Flaßkuhle"). Wahrscheinlich haben mehrere Bewohner das Weberhandwerk ausgeübt. Aus Urkunden der Familie Quinkenstein geht hervor, daß ein Vorfahr, der Leineweber Bernard Bröhs, 1834 ein Grundstück aus der Recklinghäuser Mark kaufte. Das Bauernhaus der Familie wurde 1806 erbaut. Alle genannten Kötterhäuser bis auf Dörlemann sind 1945 durch Bombem zerstört worden. Eine Genehmigung zur Niederlassung von Neusiedlern wurde ehemals nur Handwerkern oder Bauernsöhnen mit genügend Landbesitz erteilt. Für Weber war die Lage am Pläsken wegen seines Wasserreichtums, den Abflüssen mehrerer Springs, besonders günstig.

Der Hof Sandkühler stand einst abseits der Siedlung Hillen, aber noch innerhalb der Landwehr in den Heuwiesen und wurde nach einem Brand 1852 an dem heutigen Standort Castroper Str. 195 unter Verwendung alter Balken wieder aufgebaut. Seine ehemalige Lage läßt vermuten, daß dieser Hof erst später gegründet wurde. Die Familiengeschichte kennt als Urahnen einen Conradi op de Sandkuhle (um 1700). Das neue Haus der Familie Sandkühler steht auf dem alten Hofplatz „In den Heuwiesen" 8. Bei den Ausschachtungsarbeiten habe man noch die dunklen Flecken im Boden sehen können, die von den Balkenständern und der Holzschicht unter dem Boden herrührte, berichtet Frau Sandkühler. Vermutlich wurde das „Breicksken", in Urkunden auch „Brüchschen" genannt, später als das „Pläsken" besiedelt. Seine Lage, westlich von Hillen am östlichen Ufer von Schöttlers Graben, der hier parallel zum Hellbach verlief, spricht dafür. Sein Name weist auf Sumpfland (Bruch) hin. Allerdings war dieser Platz am Ende des 18. Jahrhunderts schon teilweise besetzt. Das zeigen Aufzeichnungen über einen Grundzins an die Stadt als Verwalter des Gemeinheitslandes, den die Siedler für ihr Haus auf Gemeinheitsgrund zahlen mußten. Das waren Wewering, Holländer, Albers und Schöttler auf dem Brüchschen. Flaßkühler hatte sein Haus nur zum Teil auf Gemeinheitsgrund gebaut und zahlte erheblich weniger als seine Nachbarn. Die Siedler waren Kötter mit einigen Morgen Landbesitz oder (und) Handwerker, vor allem Weber, wie die Vorfahren der Familie Flaßkühler. Die Familiengeschichte erzählt, daß der erste schon im 17. Jahrhundert dort gesiedelt habe und zunächst noch kein Haus bauen konnte. Er lebte in einer aus Holz gebauten Hütte, wahrscheinlich in einer Bleichhütte, in der gewöhnlich die Wächter auf den Bleichplätzen schliefen. Das später errichtete kleine Haus, in dem zuletzt nur noch die Großmutter (die Ur-Urgroßmutter von Maria Gendrisch geb. Flaßkühler) gelebt hatte, sei eines Tages plötzlich zusammengefallen, als die alte Frau draußen Wäsche aufhing. Die Familie Flaßkühler hat vermutlich ihren Namen von der Flachskuhle, in der der Flachs bei der Bearbeitung eingeweicht wurde. Bis zu dem Bau einer Wasserleitung, um 1930, kamen die Nachbarn zu Flaßkühlers, um ihre Wäsche im Graben zu spülen, wo ein breites Brett über dem Bach lag. Dieser Vorgang weist auf alte Gewohnheiten hin. Möglicherweise lag hier früher ein gemeinsamer Bleichplatz, eine sog. „Bleichwiese", auf der das Leinen gebleicht wurde. Außerdem lag in nächster Nachbarschaft (westlich) der Teich der oberen Mühle. Der Name „Bleichwiese" war in Hillen noch 1959 geläufig (siehe ein Artikel in der Vestischen Neuesten Zeitung von 1959), aber niemand konnte diesen Platz lokalisieren. Die Bauern an der Bergstraße besaßen gemeinsam eine Bleichwiese, die westlich der Straße gegenüber dem Hof Köster (Bergstraße 8) lag.

Ein weiterer Siedlungsvorstoß erfolgte wahrscheinlich später, nämlich die Besiedlung der sog. Holzlandwehr, des südöstlichen Teils der Recklinghäuser Ringlandwehr, die schon lange ihren Verteidigungswert eingebüßt hatte. Die neuen Gründungen, die zum Teil um 1800 datieren, lagen „op de Laave" (auf der Landwehr). Das Fachwerkhaus Castroper Straße 219 wurde um 1813 vom Leineweber Hermann Heinrich Hütter, einem Sohn des Hofes Hütter am Panhütterweg, hier errichtet. Der Sohn des Erbauers war als Einkäufer für eine Recklinghäuser Firma tätig. Nach dessen Schwiegersohn, dem Schuster Franz Möller vom Ortloh (Berghausen), wurde das Haus benannt. Auf der Landwehr liegt auch der Hof Honacker, Castroper Straße 209. Er bestand schon Ende des 18. Jahrhunderts. Damals zahlte Mauritz Honacker 15 Stüber jährlich als Grundzins für sein Haus auf Gemeinheitsland. In unserem Jahrhundert übten die Besitzer einen Beruf auf der Zeche aus und bewirtschafteten nebenbei ihren Hof, der inzwischen aufgegeben wurde. Neben der Einmündung der Nordseestraße in die Castroper Straße lagen zwei Kötterhäuser auf der Landwehr. Eines war das Haus der Familie Münch, deren Vorfahren vermutlich vom Hof Münch in Berghausen stammen. Es wurde 1945 durch Bomben zerstört. Der östlich der Einmündung der Nordseestraße in die Castroper Straße gelegene Kotten Kühler sei schon vor 1800 gegründet worden, meint Heinz Kühler. Auf der Deele habe eine Eichentruhe von 1754 gestanden. Ehemals hat das Kötterhaus etwas nördlicher auf dem Platz Nordseestraße 4, am Berghäuser Graben, gestanden. Damals hatte der Graben einen anderen Verlauf. Er zog weiter südlich hinter den heute an der Nordseite der Castroper Straße stehenden Häusern her. Als das Bachbett verlegt wurde, sei das Haus Kühler an seinen heutigen Platz, Castroper Straße 249, wieder aufgerichtet worden (Besitzer Hegemann). Daß sich die Siedler auf der Landwehr zu Hillen gehörig fühlten, zeigt die Anlage ihrer Häuser. Die Haustüren wiesen nach Hillen, betonen die

Gewährsleute. Die Landwehr galt, obwohl schon lange aufgegeben, immer noch als Stadtgrenze. „Vor der Landwehr lagerten die Zigeuner und Kesselflicker, die früher für die Nacht aus der Stadt gewiesen wurden. Sie hatten hier ihren traditionellen Lagerplatz", berichtet Frau Miara.
Der Hof Hütter auf dem Brink, heute Budde, Panhütterweg, nimmt als Einzelhof eine Sonderstellung in der Besiedlung ein. Er liegt im ehemaligen Gemeinheitsland der Recklinghäuser Mark. Der Ursprung des Hofes ist in der Anlage eines „Pannenofens" durch die Stadt Recklinghausen zu suchen. Pennings berichtet von einem Ziegelofen im Hillener Bruch, der schon 1549 Dachpfannen brannte, nachdem man diese vorher im Feldbrand hergestellt hatte. Die Pfannen mußten der Stadt Recklinghausen geliefert werden, die diese an die Bürger, aber auch nach auswärts verkaufte. Die Familie Hütter besitzt die Gründungsurkunde von 1509 (Pergament, anhängend das Stadtsiegel), in der Bürgermeister und Rat der Stadt, Holzrichter und Schernen der Recklinghäuser Mark die Gründung des Ziegelofens beurkunden und Pflichten und Rechte des Betreibers festsetzen.
Die Zeit zu Beginn des 19. Jahrhunderts muß einen gewissen wirtschaftlichen Aufschwung gebracht haben, vielleicht bedingt durch die Bemühungen Preußens, Handwerk und Handel auch in seinen neuen Ländern (hier Westfalen) zu stützen und zu fördern. In Hillen ist das abzulesen an einer Reihe von Gründungen kleiner Siedlerstellen, an Hausbauten und Niederlassungen von Handwerkern. Hier sei verwiesen auf die o.g. Leineweber Hütter und Broß. Der Zimmermann Reiner gnt. Timmers baute ein Haus, heute Gastwirtschaft Alt-Hillen, Hillen 40, dessen Fachwerk unter Kunststoffplatten versteckt ist. Es wurde vermutlich um 1813 erbaut (Heiratsdatum des Erbauers). Sein Sohn betrieb darin eine Gastwirtschaft. Das Haus Hillen 43 wurde 1830 von einem Mitglied der Familie Sandkühler erbaut, das den Beruf des Schneiders ausübte. Vom benachbarten Fachwerkhaus der Familie Lueg, gnt. Knüver, das um 1965 abgerissen wurde (heute Hillen 45), ist das Alter nicht bekannt. Ein Schneider Lueg gnt. Knüver gehörte 1877 zu den Hillener Weideberechtigten. Das im Süden Hillens (Pläsken) gelegene Fachwerkhaus der Familie Reising muß vor 1830 erbaut worden sein. Der Großvater von

Hermann Reising ist dort um 1830 geboren. Es ist anzunehmen, daß der Erbauer ein abgehender Sohn des Hofes Reißing/Reußing war, der mit einem Grundstück abgefunden wurde. Auf dem Hofgelände war eine Durchfahrt für die letzte Heuwiese, am Berghäuser Graben. Die Berghäuser Bauern Kückelmann und Wienhöfer besaßen diese gemeinsam. Sie konnten mit ihren Heuwagen nur auf diesem Weg ihre Wiese erreichen. So mußte beim Hausbau das alte Wegerecht anerkannt werden. Das Haus wurde 1945 durch Bomben zerstört. Das unter dem Namen Klein-Alstedde bekannte Fachwerkhaus (heute Spielplatz vor Hillen 13) wurde nach Auskunft von Hugo Berger vor 1800 erbaut. Der Erbauer mußte, um die Baugenehmigung zu erlangen, auf den städtischen Heuwiesen drei Tage in der Heuernte arbeiten (Auskunft: Josef Zimmermann). Dieses Haus gelangte erst später in den Besitz der Familie Klein-Alstedde (Schuhmacher). Der südlich vom Hof Reußing gelegene Kotten Münch ist vermutlich nach 1800 entstanden. 1868 heiratete ein Josef Knüver hier ein. Das Gebäude wurde später an die Familie Kohen verkauft. Das Haus ist noch erhalten, der Deelenteil wurde von der Familie Teligmann, heute Laufkötter, Hillen 67, umgebaut. Im benachbarten Hausteil der Familie Kohen, Hillen 67, sind noch die alten Balkendecken und das Fachwerk von innen erhalten. Das Außenfachwerk liegt unter Putz.

Durch den Abbau der Kohle nördlich der Emscher, nach 1856, strömten Tausende von arbeitswilligen Männern in unser Gebiet. Zunächst war die Unterbringung der vielen Neubewohner, die aus dem Osten Deutschlands oder aus Polen stammten, ein großes Problem. So wundert es nicht, daß auch in Hillen, obwohl hier keine Zeche lag, viele Arbeiter wohnten. Das Adreßbuch von 1896 zeigt, daß fast alle Häuser in Hillen, seien es Bauernhäuser, Kötter-, Handwerkerhäuser oder Gastwirtschaften, bis zum letzten Winkel von Bergarbeitern bewohnt waren. Um die Jahrhundertwende wurden an der Castroper Straße neue Häuser gebaut. Der Bäckermeister Sandkühler verkaufte seine um 1890 erbauten Häuser Castroper Straße 180 und 184 an die Familien Husmann und Gartmann. Letztere waren wie Winter und Berstermann aus Ösede bei Tecklenburg nach Recklinghausen gekommen. Der Schacht der Zeche bei Ibbenbüren, auf der die drei Männer gearbeitet hatten, war „abgesoffen". Sie fanden Arbeit auf „Blumenthal". Winter und Berstermann bauten am Quellberg 33 und 35 um 1896/1900 ein Haus.

Der Bau des Eisenbahnausbesserungswerkes hatte den Ausbau einer Siedlung zur Folge (Hammer Straße, Auf dem Brink, Nelkenweg usw.). Der Quellberg wurde seit 1963 nach und nach erschlossen und besiedelt, und bald werden die Häuserreihen auf die alte Bauerschaft Berghausen stoßen.

Bauerschaft Berghausen

Die Lage der Bauerschaft Berghausen gleicht in vielem der von Hillen. Nahe den fruchtbaren Hängen des Vestischen Höhenrückens, am Übergang zu den leichteren Böden, geschützt vor kalten Nord- und Ostwinden, mit Wasser durch den Berghäuser Bach versorgt, ist sie unter den gleichen Siedlungsgesichtspunkten wie Hillen entstanden. Die Siedlung ist wahrscheinlich auch in mehreren Abschnitten gewachsen. Als ältesten Teil kann man den nördlichen ansprechen, zu dem die Höfe Schäpers, Münch, Kuhlmann (früher Koppers, heute nicht mehr bewirtschaftet), Jörgens und Frerich gehören. Von den genannten Höfen in Berghausen scheinen Münchs und Jörgens Hof die ältesten zu sein. Das Gehöft Jörgens liegt nahe der Quelle, die das Wasser für den Berghäuser Graben liefert. Der Hof und seine Umgebung sind gut von der höherliegenden Brinkstraße zu beobachten. Von dort ist auch der kreisrunde Rand des ehemaligen Teiches in der Nähe des Hauses zu erkennen. Auffallend ist die tiefe Lage des mit einem Krüppelwalmdach bedeckten Hauses, von dem aus in etwa zehn Metern Entfernung sich niedrige Böschungen erheben, die vermutlich Reste ehemaliger Wälle sind. Die Verfasserin ist auf Grund ihrer Beobachtungen zu der Auffassung gekommen, daß es sich hier um einen sehr alten Hof mit einer ehemaligen Gräftenanlage handeln könnte. Solche Höfe waren oft Sitz einer ehemaligen Grundherrschaft, zu der ein oder mehrere Unterhöfe gehören. Vielleicht war es auch der Sitz eines Freischöffen, denn die Gerichtsstätte des Femgerichts lag in der Nähe beim Kreuz von Kückelmann (Hoher Steinweg). Die Brinkstraße führt an dem

Gerichtsplatz (Wälle sind noch zu erkennen) vorbei auf Jörgens Hof zu. Für diese Annahme spricht auch die Anzahl der Scharen, mit denen dieser Hof in der Recklinghäuser Mark berechtigt war, nämlich mit 45 Scharen. Münchs Hof war mit 47 Scharen berechtigt. Als Vergleich seien genannt der Hof Sanders (Oberhof) in Hillen mit 27 Scharen, der Kurfürstliche Stuhl mit 90 Scharen. Die erwähnten Höfe hatten alle Anteil am Berghäuser Bach, den die Bauern den „Graben" nennen. Er hat seine Quelle diesseits der Annastraße in einer Wiese. In den anschließenden Wiesen, in Frerichs Wiese und auf Jörgens Hof lagen Teiche, aus denen das Vieh saufen konnte. Egon Münch meint dazu: „Früher hatte jeder Bauernhof seinen Teich." Der Graben ist so geführt, daß ein Arm über Jörgens Hof, ein anderer an Schäpers, Münchs und Kuhlmanns Wiese vorbeizieht, dort Teiche bildete und nach ihrer Zusammenführung durch die jenseits des Hohen Steinweges liegenden Heuwiesen als schmaler Bach verläuft. Das Bächlein, das wir in seinem östlichen Teil heute noch sehen, konnte nach Gewittergüssen schnell überlaufen und die Heuwiesen so hoch überschwemmen, daß man darin schwimmen konnte. Das erzählte Elisabeth Miara, die das in ihrer Jugend erlebt hatte. Auch dieser Graben zog zum Hellbach, vorbei an der später entstandenen Mühle Kettelhack (gegenüber Castroper Straße 169), die von einer Dampfmaschine betrieben wurde, und bog dann nach Süden.

Als später besiedelten Teil der Bauerschaft Berghausen kann man den an der Castroper Straße annehmen, wobei die Höfe Kückelmann, gnt. Kämper, an der Ecke Hoher Steinweg und Wienhöfer noch Anteil am Wasser des Berghäuser Grabens hatten, der an ihren Wiesen vorbeifloß. Darum dürften diese beiden Höfe als die älteren in diesem Teil Berghausens gelten. Dieser Siedlungsplatz wird bei den alten Bewohnern, so erzählt Herr Münch, „Berghusen op de Höih" (Berghausen auf der Höhe) genannt. Dazu gehören auch die Kotten von Korte (heute Uhlenbrock), der Hof Uhlenbrock (später Arns) und die ehemaligen Kotten Bullerkotte gnt. Bohnenkamp (Flögel) und Pickmeier. Der im ehemaligen Gemeinheitsland gelegene Olfmanns Hof und der Hof von Leushacke (Berghäuser Straße/Panhütterweg) sind spätere Gründungen, bestanden aber schon 1816 (Dorider).

In einem späteren Siedlungsvorstoß entstanden die Anwesen der südlichen Berghäuser Straße (heute Alte Grenzstraße), deren Lage „op'n Heistrang" genannt wurde. Der Name weist auf Heuwiesen hin. Hier lagen vier Kötter- bzw. Tagelöhnerhäuser: auf der Westseite der Straße der Kotten von Uhlenbrock und das Haus von Kämper, gegenüber das von Bruns. Weiter westlich im Feld lag der Kotten von Otte gnt. Bönte. Josef Kämper erinnert sich, daß seine Eltern dort ihr Haus etwa 1880 gebaut hätten, und zwar zuerst den Pütt, den Brunnen. Die anderen Häuser seien viel älter als das ihrige gewesen. Von dieser Nachbarschaft ist kein Anwesen mehr vorhanden. Das Haus Bönte wich dem Bau der Eisenbahn, das von Bruns brannte etwa 1906 ab, und die Häuser von Uhlenbrock und Kämper wichen einem Industriebetrieb.
Es ist zu erkennen, daß spätere Ansiedlungen immer weiter nach Süden in die Recklinghäuser Mark vorstießen. Auch die Siedlung an der Blitzkuhlenstraße lag in der Recklinghäuser Mark. Frau Werth, geborene Leushacke, weiß von ihrem Großvater, daß dessen Vorfahr etwa um 1820/30 an der Blitzkuhlenstraße gesiedelt hatte. Er stammte vom o.g. Hof Leushacke. Diese Siedlerstellen entstanden erst nach der Aufteilung der Marken.

Die Geschichte der Marken

Die Geschichte der Marken reicht zurück bis in die Zeit der Germanen. Sie entstanden aus der „Almende", dem gemeinsamen Landbesitz der Bewohner. Die Markenflächen, die mit Wald, Weiden, Heiden und Mooren bedeckt waren, standen jedem zur Verfügung. Jeder Freie hatte das Recht, seine Herden (Pferde, Hornvieh und Gänse) auf die Gemeinschaftsweide und die Schweine zur Eichelmast in die Wälder zu treiben, seinen Holzbedarf aus dem Wald zu holen, Torf und Plaggen (Gras- und Heidesoden) zu stechen, innerhalb der Almende zu jagen und in den Bächen und Flüssen zu fischen. Diese großen Gebiete blieben auch in den späteren Jahrhunderten als Gemeingut liegen. Sie hießen Marken (Holzungen) oder Gemeinheiten (Grasland). Im Vest war noch zu Anfang des 19. Jahrhunderts ein Viertel des Bodens von den Marken eingenommen. Auch das Emscherbruch mit den vorgelagerten Heide- und Sumpfgebieten war Markenland, aber nicht nur Sumpfgebiet. Es gab größere, mit Bäumen bestandene Flächen darin. Von den heimischen Baumarten waren vor allem Buche und Eiche vertreten. So bestand auch im Recklinghäuser Bruch ein großer zusammenhängender Eichen- und Buchenwald.

In diesem Gebiet des Vestes lagen u.a. die Hertener, die Hochlarer, die Recklinghäuser, die Suderwicher und die Meckinghovener Mark. Zur Recklinghäuser Mark, in der auch die Hillener Bewohner berechtigt waren, gehörten auch die nördlich des Emscherbruches liegenden Heide- und Sumpfgebiete: das Sutbruch (später Saatbruch), die Hiller Heide, das Ellbruch und die Blitzkuhle. Im Vest gab es noch andere Markengebiete, von denen die Haard und das Loh besonders genannt werden sollen. Das Loh, ehemals Gravenloh genannt, erstreckte sich zwischen der Hillener, Berghäuser, Suderwicher und Esseler Flur. Ein Rest dieses Waldgebietes ist noch in den beiden wannenartigen Tälern, den sog. Dellen beim Gasthof Wember und nördlich der Annastraße erhalten. Die Marken wurden von mehreren Bauerschaften genutzt und bewirtschaftet. Ihre Aufsitzer (Bauern, Landbesitzer) bildeten die Gruppe der Markgenossen, die zur Weide, zur Holznutzung und an der Wildbahn berechtigt waren. Im allgemeinen gehörten Kötter nicht zu den Markenberechtigten; allerdings waren in Suderwich alle am Recht, die Marken zu nutzen, beteiligt, ob adeliger Gutsbesitzer oder Kötter, nur letztere hatten an der Wildbahn keinen Anteil.

Im Emscherbruch, einem Gebiet von insgesamt 25 km Länge und 10 - 12 km Breite, gab es neben Rot- und Schwarzwild auch die Wildpferde, die sog. Emscherbrücher, mit denen Napoleon ein Regiment ausrüstete, bevor er nach Spanien zog. „Berechtigt an der Wildbahn" bedeutete, am Wildpferdefang teilzuhaben. Diese Pferde wurden von den sog. Strickern eingefangen und von den Berechtigten auf dem berühmten Pferdemarkt im Dorf Crange, heute zu Herne-Wanne gehörend, verkauft. Als es, etwa seit der Mitte des vorigen Jahrhunderts, keine Wildpferde mehr gab, bestand der Pferdemarkt weiter, verbunden mit einem Jahrmarkt. Aus ihm entwickelte sich die bekannte Cranger Kirmes, das größte Volksfest im Ruhrgebiet.

Auch in Hillen und Berghausen gehörten Kötter und kleinere

Landbesitzer nicht zu den Markgenossen, waren aber Weideberechtigte. Die Hillener besaßen z.B. das Weide- (Hude-) recht in der Hiller Heide und Beckbruchwiese (s.S.65). Zur Berechtigung des Viehauftriebs gehörte auch das „Recht auf Laub und Gras", d.h. die Siedler durften auch Plaggen stechen, die sie als Streu für ihr Vieh oder als Brennmaterial gebrauchten. Neben der Gruppe der Markgenossen gab es die der „Erbaxen oder Erbgenamen", von Dorider die privilegierten Erben genannt. Zu dieser Gruppe gehörten der Kurfürstliche Stuhl, d.h. der jeweilige Kurfürst in Köln, dessen Vertreter auf der Horneburg die Rechte des Landesfürsten wahrnahm und die adeligen Häuser der Umgebung, die in den naheliegenden Bauerschaften ihre Eigenhörigen hatten (Burghardt). Die von Nesselrode waren durch den Ankauf eines alten Hofes Erben in der Recklinghäuser Mark geworden und waren mit 299 1/2 Scharen an der Mark berechtigt. Auch die adeligen Häuser Crange (Herne-Wanne) und Strünkede (Herne) gehörten zu den Erben. Allerdings lagen ihre Sitze südlich der Emscher, die allgemein die südliche Grenze des Vestes bildete. Neben diesen Geschlechtern gehörten Recklinghäuser Bürger und Halbbürger (Hillen) zu den Erben. Man zählte sie zu den „Innenerben" (innerhalb der Landwehr ansässig), während die Erben in Berghausen und die „auf der Herne" Wohnenden (Stuckenbusch) „Außenerben" genannt wurden (s. Haus Strünkede und Haus Crange).

Die Anteilrechte der Recklinghäuser Mark lagen auf den sog. „Solstellen", womit die ursprünglichen Siedlerstellen gemeint waren. Diese Anteile waren in sog. „Scharen" (auch Schaaren) ausgedrückt, deren Anzahl wahrscheinlich von dem ehemaligen Landbesitz der Solstellen bestimmt war. Diese Scharen waren gedachte Anteile, keine Anteilscheine, sondern Berechtigungen, die in der Liste der Markgenossenschaften eingetragen waren. Bei der Aufteilung der Marken waren die Scharen ausschlaggebend für die Größe der Zuschläge. In Hillen lagen die Anteile zwischen 27 Scharen (Sanders Hof) und 2 1/2 Scharen (Henrich Albrecht), in Berghausen zwischen 47 Scharen (Münchs Hof) und 2 Scharen (Henrik Kemper). Der Landesherr, der mit 90 Scharen als Erbe in der Recklinghäuser Mark berechtigt war, versuchte im Laufe der Geschichte sein Mitspracherecht weiter auszudehnen. Die Vertreter der Stadt Recklinghausen bemühten sich, Einfluß und Mitspracherecht der Kurfürsten einzudämmen und verwiesen immer wieder darauf, daß dieser zwar Miterbe sei, sie ihn aber nur als solchen gelten lassen wollten. So ist es zu verstehen, daß die kurfürstlichen Erlasse über die Markenordnung, Holznutzung und die Kontrolle der Holzrichter und Schernen den Widerstand der anderen Berechtigten hervorrief, obwohl die Verordnungen der Obrigkeit zum Teil dringend notwendig waren.

Die Verwaltung der Marken

Erbaxen und Markgenossen, letztere hatten erst ab 10 Scharen ein Mitspracherecht beim Holzgericht, bildeten den Markenverband, dessen Aufgabe es war, die Mark zu verwalten und Streitigkeiten zu schlichten (Burghardt). Das Amt des Holzrichters war erblich und blieb oft über Jahrhunderte in einer Familie. Der Erbholzrichter erließ die Einladungen zu den Versammlungen des Holzgerichts, des „Hölting". Er wurde unterstützt von dem „substituierten Holzrichter", auf dessen Hof das Hölting tagte. Hier befand sich auch die hochprivilegierte Holzbank (Versammlung aller zur Mitsprache Berechtigten) und der „Schütt- oder Schützstall", ein mit einem Wall geschützter Platz, auf den das Vieh getrieben wurde, das in der Mark widerrechtlich weidete. Die Schernen, die von den Markgenossen und Erbaxen gewählt wurden, führten mit dem Holzrichter die Aufsicht, wiesen den Markberechtigten Holz an, überwachten die Arbeiten an Wegen und Pflanzungen (Aufforstung des abgeholzten Waldes) und brachten Holz- und Weidefrevler vor die Holzbank (Burghardt). Dem Hölting wurden auch Anträge von Neusiedlern vorgelegt. Ihnen wurden gewisse Nutzungsrechte in der Mark zugestanden; meistens Weiderechte, aber dazu mußten immer die Markgenossenschaft, die Erben, Holzrichter und Schernen gefragt werden. Für die Nutzungsrechte hatten die Neusiedler Abgaben oder bestimmte Arbeiten zu leisten.
Da Hillen eine gesonderte Herde hatte, die der Kuhhirte in die Hiller Heide trieb, müßte auch hier ein Schüttstall oder „Pfandstall" (Dorider) vorhanden gewesen sein. Die Verfasserin konnte jedoch seine Lage nicht ausmachen.

In der Recklinghäuser Mark führte die Stadt die Aufsicht. Die Bürgermeister bekleideten das Amt des Holzrichters. Aus den Aufzeichnungen Doriders wissen wir, daß das Geld, das in die Markenkassen gezahlt wurde (Holzverkauf, Gebühren von Neusiedlern, Strafgelder von Frevlern usw.), des öfteren bei Gelagen nach dem Hölting vertrunken wurde.

Die Aufteilung der Marken

Als sich die Weiden verschlechterten, weil jeder für sich den größeren Nutzen daraus ziehen wollte, als die Wälder abgeholzt und Weidevieh darin getrieben wurde, so daß der Waldbestand zurückging, begann man, auf Anweisung der Landesregierung auch die Recklinghäuser Mark aufzuteilen; doch zunächst wurden nur einige Waldgebiete anteilmäßig verteilt. Das Weideland und die Gebiete für den Plaggenstich blieben gemeinschaftlicher Besitz. Das den Berechtigten zugeteilte Grundstück wurde Zuschlag genannt. Östlich des Pannhütter Hofes lagen die Zuschläge der Berghäuser Bauern, lange, schmale Grundstücke (Karte im Besitz der Familie Budde-Hütter), die heute unterm Pflug sind.
Nach 1821 wurden mehrere große Teilungen des Weide- und Sumpflandes durchgeführt. Bei unfruchtbarem Boden brachte die Teilung den Bauern und Köttern als neue Besitzer wenig Vorteile. Vor allem letzteren fehlten für die Kultivierung die notwendigen Mittel, und so verkauften sie oft zu billigen Preisen ihre Anteile dem vestischen Adel. Bette berichtet, daß die Teilung leider auch zur Bildung des Großgrundbesitzes einiger vestischer Adelsfamilien beitrug, die für die Ablösung der Rechte auf Abgaben und Dienste der Bauern (Hand- und Spanndienste) in der sog. Bauernbefreiung zu Anfang des 19. Jahrhunderts Millionen vom Staat bekommen hatten. Nun stand ihnen genügend Geld zum Ankauf der Ländereien zur Verfügung. Manche Bauern verkauften ihre Markenanteile an Neubauern, Arbeiter und Tagelöhner, die siedlungswillig waren. Leider war vielen Neusiedlern wenig Erfolg auf dem kleinen Grundbesitz beschieden. Sie verarmten oft und fielen den Gemeinden zur Last. Wo aber die Neusiedler ein Handwerk ausübten oder in der südlich der Emscher

sich entwickelnden Industrie Arbeit gefunden hatten, wurden sie durch Bau eines Hauses und Gründung einer kleinen Landwirtschaft seßhafte Einwohner (Bette). Ein Beispiel aus Hillen: Aus der schon erwähnten Urkunde des Leinewebers Bernard Bröhs geht hervor, daß dieser 1834 ein Stück Land aus der Recklinghäuser Gemeinheit kauft, dessen Besitzer die Stadt Recklinghausen war. Hier heißt es: „Der Bürgermeister Banniza verkauft dem Bernard Bröhs ein zwischen dem Hause des Letzteren und einem aus Hillen in die Mark führenden Treibweg gelegenes unkultiviertes Grundstück ungefähr drei Ruthen haltend." Der Treibweg ist der Weg, auf dem das Vieh in das Gemeinheitsland getrieben wurde. Nach Auskunft von Elisabeth Miara führte ein Karrenweg vom Pläsken in Richtung Hiller Heide (Hotel Wüller).

Folgen der Markenteilung

Die Siedler auf dem Heistrang und an der Blitzkuhle hatten nach Aufteilung der Recklinghäuser Mark für sich Land erwerben können. Sie betrieben eine kleine Landwirtschaft und übten dazu einen Beruf aus, z.B. Bergmann, Trichinenbeschauer oder Schneider. So konnten sie die Existenz ihrer Familien sichern, waren aber abhängig vom Weiderecht. So ist es verständlich, daß man nicht mit der Aufteilung des Weidelandes einverstanden war. Das zeigt eine Urkunde, die sich im Besitz der Familien Budde-Hütter, Knüver u.a. befindet. 1877 wurden die Hiller Weideberechtigten bei der Stadt vorstellig und beantragten, daß die große Beckbruchwiese, südlich der Hubertusstraße gelegen, im Gemeinschaftsbesitz bleibe. Dem Antrag wurde stattgegeben, und so konnten die Berechtigten diese Heuwiese nutzen und danach das Vieh darauf treiben.

Die Namen der Berechtigten sind:
a) die Stadt Recklinghausen
b) der Kötter Franz Münch (heute Hillen 67 - 69)
c) die Eheleute Franz Pill und Anna Maria Sanders (Sanders Hof, Sieben Quellen)
d) der Höfner Johann Hermann Heinrich Pill (heute Hillen 52 - 58)
e) der Höfner Josef Merten (heute Hillen 66 und 68)

f) der Höfner Hermann Schulte (Sieben Quellen/Castroper Str.)
g) die Witwe Heinrich Schöttler, Gertrud geb. Pill (Hillen 18)
h) die drei Geschwister Heinrich, Josef, Bernardine Schöttler (Quellberg/Hillen, Schöttler-Geesmann)
i) der Höfner Franz Grothusmann, genannt Godde (heute Goddenhof)
k) der Höfner Wilhelm Knüver (Hillen 57)
l) der Höfner Bernhard Albers (heute Hillen 70/72)
m) die Witwe Höfner Heinrich Hütter, Elisabeth geb. Brinkmann (Panhütterweg)
n) die Witwe Kötter Heinrich Pleßmann (heute Ecke Castroper Straße/Hillen)
o) der Kötter Hermann Neuhäuser (gnt. Klodt; früher Hillen 16)
p) der Kötter Wilhelm Holländer (früher: auf dem Breicksken)
q) der Kötter Wilhelm Sandkühler (Castroper Straße 195)
r) die Eheleute Kötter Josef Passmann und Gertrud geb. Gerlnig (Gerling?) und deren Tochter Anna M.G. Antonette Passmann (früher Hillen 44 – 46; Goddenhof)
s) der Schneider Clemens Lueg gnt. Knüver (heute Hillen 45 – 47)
t) der Kötter Hermann Kemper (heute Tankstelle, Castroper Straße/Hillen)
u) die Eheleute Kötter Johann Conrad Dörlemann und Anna Maria Brauckmann (Castroper Str. 171)
v) der Kötter Hermann Hütter (Castroper Straße 219)
w) die Eheleute Kötter Hermann Baack und Sibilla Marpe (vermutlich zwischen Hillen und Breicksken)
x) der Kötter Heinrich Frerich (später Reckenfelderbäumer, im Breicksken, Castroper Straße 104)
y) der Kötter Conrad Pantering gnt. Rademacker (gnt. Rämmäkker) – (heute Castroper Straße 159 – 161)
z) die Eheleute Müller Heinrich Brinkert und Anna Maria Schöttler – alle zu Hillen (Obere Mühle)

Interessant ist festzustellen, daß nicht alle Ansässigen zu den Antragstellern gehörten. Es ist auch möglich, daß diese an einer Teilung der Beckbruchwiese interessiert waren:
1. Quinkenstein, gnt. Bross (Hillen 84)
2. Wienhöfer, (vormals Ganteführer oder Gantefohder, Hillen 62)

3. Reißing, im Zuge der neueren Bebauung aufgelöst (heute Hillen 59 - 61)
4. Flaßkühler, Breicksken (heute Hubertusstraße 116)
5. Pantförder (heute Hillen 44 - 46); das Weiderecht von Paßmann war zusätzlich auf den Namen der Tochter eingetragen, die einen Pantförder heiratete (s.o. unter r)
6. Honnacker, (Castroper Straße 209)

Zur Erhellung der siedlungsgeschichtlichen Entwicklung Hillens kann uns eine Darstellung Doriders über die Landbesitzverhältnisse der Hillener und Berghäuser Höfe im 19. Jahrhundert Hinweise geben.
Diese Übersicht zeigt, daß an der Aufteilung der Marken am meisten die Vollbauern partizipierten.
Der durchschnittliche Landgewinn der Hillener Vollbauern ist 31 Morgen pro Hof, der der Berghäuser Vollbauern 5, 4 Morgen pro Hof. Die Zahl der Hillener Vollbauern stieg von 6 auf 9 an. Vergleicht man allerdings den durchschnittlichen Landbesitz der Hillener landwirtschaftlichen Betriebe mit denen anderer Bauerschaften, so erkennt man, daß die Höfe in Hillen im Schnitt die kleinsten waren. Besonders deutlich wird das durch einen Vergleich mit der Bauerschaft Bockholt, die im Gebiet um Recklinghausen die größten Höfe besaß. Vergleich pro Hof:

	Vollbauern	Halbbauern	Kötter
1816 in Hillen	68 Morgen	34 Morgen	12 Morgen
1816 in Bockholt	147 Morgen	63,5 Morgen	–

Durch die geringe Größe der Höfe bedingt, verstärkt durch die Anzahl der Kinder, die eine Ausstattung an Geld, Vieh, Wäsche, Möbel und Land vom Hof mitbekamen und in die Ehe einbrachten, waren viele Kötter und Halbbauern auf Nebenverdienste angewiesen. So wurde durch Spinnen und Weben auf vielen Höfen Geld verdient. Einen Beleg dafür erhalten wir durch einen Vertrag, den die „Witwe Knüfer von Hillen" 1772 mit ihrem Sohn und dessen zukünftiger Frau zwecks Übergabe des Hofes abschloß. Hier wurden die Ausstattung der Geschwister des Hoferben und das Auskommen der auf dem Hof verbleibenden Mutter geregelt. Dabei legte diese neben anderem ausdrücklich fest, daß der Lohn ihrer Webarbeiten ihr selbst zukommen und daß für sie auch Flachs (Leinsamen) angebaut werden müsse.

Erinnerungen an den Kuhauftrieb

Der Auftrieb der Kühe ins Gemeinheitsland (Emscherbruch) fand in Recklinghausen jährlich vom 1. Mai (Maitag) bis 10. November (Martinstag) statt. Die Kühe wurden täglich auf die Weide getrieben und abends zurückgebracht. Die beiden Hirten fungierten gleichzeitig als Nachtwächter der Stadt (Pennings). In Hillen wurden die Kühe von einem eigenen Hirten in die Hiller Heide getrieben. An diese Zeit erinnern sich noch Alteingesessene aus Hillen.

Einige Bewohner erzählen vom „Kauhiäden Jopp" (Kuhherden Josef), der im Hause Schlüter, damals Hillen 86, wohnte. Er trug sein Horn an einem Band über der Schulter. Nach den Hornrufen kamen allmorgendlich die Kühe aus dem Stall und gingen auf dem alten Treibweg zur Hiller Heide, wie es uns Maria Knüver nach den Erzählungen ihrer Tante Maria (geb. 1870) beschreibt: „Morgens, gegen 6 Uhr, zog der Hirte durch die Bauerschaft und ließ sein Horn ertönen. Er kam vom Pläsken her (Wohnung) und zog durch Hillen bis Schöttlers Hof (Hillen 18). Nun wußten alle, daß er in etwa 5 bis 10 Minuten zurückkommen würde. Bis dahin mußten die Kühe gemolken sein. Wer dann nicht fertig war, mußte selbst nachtreiben. Wenn ein Jungrind in die Herde aufgenommen wurde, mußte der Besitzer einen Treiber stellen, der in den ersten Tagen dieses Tier zur Hude führte, bis es den anderen Kühen folgte und abends seinen Stall wiederfand. Gegen Mittag sammelte der Hirte seine Herde am Melkplatz. In der Nähe der Bauerschaft (Nähe Hotel Wüller) stand ein großer Baum, an den die Frauen und Mädchen, die mit ihren Melkeimern gekommen waren, die Kühe zum Melken festbanden. Ein Horn im Besitz von Elisabeth Miara ist nach ihrer Aussage das des letzten Hillener

Kuhhirten. Hermann Reising meint, es sei das Horn der Feuerwehr in Hillen gewesen. Er habe es als Junge, durch die Bauerschaft laufend, in Vertretung seines Vaters bei Feueralarm geblasen. Das Horn habe sich früher in ihrem Hause befunden (ehemals Hillen 89). Vielleicht hat es beiden Zwecken gedient?

Frau Miara kannte eine Anekdote aus der Zeit des Kuhauftriebs, die ihre Großmutter Bernardine Pantring, geb. 1849, des öfteren erzählt hatte. Die Kühe weideten auch auf der feuchten Beckbruchwiese, die regelmäßig durch Säubern der Wassergräben und Ziehen neuer Gräben trockengelegt wurde. Einmal passierte es doch, daß eine Kuh in eine sumpfige Stelle einsank und der Hirte sie nicht allein herausziehen konnte. Er benachrichtigte einen Hillener, der zum Besitzer der Kuh lief und rief: „Männs, 'ne Kauh iss op't Biäkbrauk ingebrouken! Du muss uss helpen." – „Immer Aufenthalt, immer Aufenthalt!" brummte der Angesprochene. „Ja, Männs, nu komm mä, et ess diene Kauh!" Erschrocken fuhr der Bauer hoch und rief: „Oh leiwe Lüh, dann helpt mi doch!". Mit Stricken lief man zur Unglückstelle, und mit vereinten Kräften wurde die Kuh herausgezogen.

Es gab in Recklinghausen und Hillen einen Brauch, den die Mägde ausübten, wenn sie zur Gemeinheitswiese herausfuhren, um die Kühe zu melken. Wer am Pfingstfest als letzte zum Melken kam, wurde von den anderen Mägden mit dem Spottvers begrüßt:
„Pingsenbrut, du fulet Krut!
Wärs du äher obgestaohn,
wärs du met nao't Melken gaohn..."

Bei diesem Geschehen sollte die Letzte, die Faule, gerügt werden, ein Vorgang, der früher üblich war. Später wurden die Rügebräuche aus Gründen des Taktes zurückgenommen und von Kindern ausgeführt (Sauermann). An Pfingsten wählten in Hillen Kinder einer Nachbarschaft die „Pinstebrut", zogen mit ihr von Haus zu Haus und heischten Eier, die sie gemeinsam verzehrten.
Das Kapitel der Erinnerungen an den Kuhauftrieb soll abgeschlossen werden mit einigen Versen aus Mummenhoffs Gedicht „Der Bruchkühe Weidegang".

Der Bruchkühe Weidegang. (Auszug)
Von Prof. W. Mummenhoff, Recklinghausen.

Dort in der Linde Schatten,
Da steht ein stilles Haus,
Da tritt an jedem Morgen
Vergnügt ein Mann heraus
. . .
Ein Horn hängt ihm zur Seite
Gar lang, hat weiten Mund;
Des Mannes Schritt begleitet
Ein weißer, strupp'ger Hund.

Das ist der Hamm, der Hirte,
Der um die siebte Stund'
Mit Hund und Horn alltäglich
Macht durch die Stadt die Rund'.

An allen Straßenecken
Erdröhnt des Hornes Klang,
Doch keinen tuts's erschrecken,
Die Töne sind bekannt.

. . .
Sobald das Horn erschallet,
Wird's munter in der Stadt,
Allwo ein jeder Bürger
'ne Kuh zu eigen hat.

Vierhundert an der Zahl,
Die nun zum Viehtor wandern
Bedächtig allzumal.

Am Tore aber harret,
Gelehnt auf seinen Stab,
Der treue Hamm, der Hirte,
Und schaut straßauf, straßab.

Und wenn der Kühe letzte
Beschließt den langen Zug,
Dann ruft er seinem Hunde:
„Halloh! Nun geht's ins Bruch".

Bauernhäuser in Hillen und Berghausen

Die Bauernhäuser in beiden Bauerschaften waren nach dem Muster des Vestischen Bauernhauses gebaut. Dieses Haus gehört zu dem niederdeutsch-westfälischen Einheitshaus, das ursprünglich ein Einraumhaus war. Die geräumige Deele befindet sich in der Längsachse des Hauses. An beiden Seiten liegen die Stallungen. Ursprünglich waren diese nicht durch Wände von ihr abgetrennt. Von der Deele aus wurde das Vieh gefüttert, sie war der Arbeitsraum der bäuerlichen Familie. Hier wurden Arbeiten verrichtet wie das Dreschen und anschließende Trennen von Korn und Spreu. Auf der Deele, auch Tenne genannt, befanden sich die notwendigen Arbeitsgeräte (Flegel, Schaufel, Heu- und Mistgabel, Körbe, Wannmühle und Häckselschneider), außerdem Akkergeräte wie Egge und Pflug und Geschirr für die Arbeitstiere. Der Leiterwagen konnte durch das geöffnete große Tor (Deelentür) einfahren. Durch die Bodenluke wurden Heu und Stroh auf den Dachboden befördert.

Der Wohnteil war ursprünglich nicht von der Deele getrennt. Das Herdfeuer lag am anderen Ende des Hauses, das durch eine quergeteilte Doppeltür verlassen werden konnte. Auch nach Einziehen einer Wand zwischen Wohn- und Arbeitsteil konnte die Hausfrau vom Herdfeuer aus durch ein Fenster die arbeitenden Menschen und das Vieh beobachten. Die Schlafräume für Knechte und Mägde lagen auf der Hille, dem schrägen Geschoß über den Stallungen. Der mit Brettern verschalte Giebel sorgte für eine gleichmäßige Belüftung des Hauses.

Beim Vestischen Bauernhaus wurde immer der Wohnteil gesondert vor den Deelenteil gesetzt. Das ist an der Balkenkonstruktion des Fachwerkes zu erkennen. Im Wohnteil ist das Geschoß höher angesetzt. In der Fachwerkbauweise unterscheidet sich das vestische Bauernhaus von anderen, z.B. von denen des Münsterlandes. Die großen Querbalken, die das Dach tragen, waren mit den Stützbalken (aufrechte Balken) durch ein Zapfschloß verzahnt oder verankert. So konnte man beim Aufrichten des Fachwerks die Querbinde am Boden zusammenfügen und hochziehen. Diese Vorteile beim Bauen hat man im Vest lange beibehalten (Ankerbalkenhaus). Das Haus hatte ursprünglich ein niedriges Dach und nur zwei Ständer. Dieser Haustyp wurde vor allem in Gegenden mit wenig Ackerbau und viel Weideland gebaut. Das gab es vorwiegend dort, wo die Hude auf Gemeinheitsland üblich war, und das war im Vest der Fall. Auch als man das Vierständerhaus baute, blieb man bei der Technik der Verankerung durch ein Zapfschloß. Den Dachbodenraum erhöhte man durch einen Drempel. Bot er nicht genügend Raum für die Ernte, errichtete man auf dem Feld runde, gepackte Strohhaufen, die mit einem „Spitzdach" abschlossen.

Wie die Deele, so war auch das Wohnhaus dreigeteilt. In der Mitte lag die Diele oder Küche, die später als Eingangsraum und nur im Sommer wegen der Kühle als Küche diente. Auf dem gemauerten Herd, dem Nachfolger des offenen Herdfeuers, wurde gekocht. Der Eingangsraum bot so viel Platz, daß hier die Feste wie das Erntedankfest gefeiert wurden. Ein großer Tisch, oft von zwölf Stühlen umstellt, ein Gläserschrank, auf wohlhabenden Höfen auch eine Standuhr, machten die Diele zu einem repräsentativen Raum. Gläserschrank und ein Tisch mit Stühlen gehörten auch

wohl zur Brautausstattung (1889 Hof Quinkenstein). Neben der Diele lagen Wohnstube und Spinnstube. Auf dem Hof Knüver stand, wie in manchen Bauern- und Kötterhäusern, in der Spinnstube auch ein Webstuhl (s.o.). Später wurde der Wohnteil auf wohlhabenderen Höfen durch Neubau oder Vergrößerungen umgestaltet und erweitert. Die Diele nahm hier zwei Drittel des Wohnhauses ein. Hinter ihr lag die Küche, die genügend Raum für einen Eßplatz bot. Die Haustür wurde nun an die Traufenseite des Hauses verlegt. Neben der Küche lag ein kleines Stübchen. Hier hielt der Bauer sein Mittagsschläfchen, abends saß dort die Familie beisammen. Manchmal wurde es aber auch als Schlafraum für Sohn oder Onkel benutzt (Höfe Knüver und Schöttler). Neben der Diele lag das vergrößerte Wohnzimmer. Von den Bauernhäusern älteren Typs ist noch das von Knüver erhalten.
Das Vestische Kötterhaus war anders angelegt. Wegen des kleinen Raumes, der zur Verfügung stand, war die Deele querachsig und lag zwischen Wohnteil und Stallung, eine hygienische Lösung. Alle Außentüren befanden sich an der Traufenseite. Für Hillen können wir feststellen, daß nur ein Teil der Kötterhäuser nach diesem Muster gebaut worden war (Reising, Hestermann, Münch, Reckenfelderbäumer, Dörlemann, Kühler und Münch an der Castroper Straße). Von diesen sind noch die Häuser Kühler (heute Hegemann) und Dörlemann in ihrer alten Form erhalten, die von Reckenfelderbäumer und Münch (Hillen) wurden umgebaut, die restlichen durch Bomben zerstört. Ein Teil der Kötterhäuser war aber, entgegen den Aussagen älterer Heimatforscher, wie ein Bauernhaus mit der Deele in der Längsachse gebaut. Das waren die Häuser von Quinkenstein gnt. Broß, Pantring, Holländer, Hütter (Castroper Straße) und Honacker. Hier waren wohl die Vorteile beim Hausbau (Zusammenfügen der Quergebinde am Boden) neben anderen Gründen ausschlaggebend für die Wahl dieses Haustyps.
Das Tagelöhnerhaus enthielt nur Wohnteil und Stallung. Das sog. „Inwöhnerhus" von Reußing, auch „Kastanienschlößchen" von den Nachbarn genannt, war wie das Haus von Jaust (Hubertusstraße 20) und das ehemalige Haus von Waterkotte, zwischen Jaust und Castroper Straße 102 gelegen, ein Tagelöhnerhaus. In Berghausen liegen an der Brinkstraße und nahe beim Hof Jörgens

(nicht mehr bewohnt) je ein „Inwöhnerhus". Das Alter der Bauern-, Kötter- und Tagelöhnerhäuser läßt sich an der Gestalt des Fachwerks ablesen. Bei den Häusern, die vor 1800 erbaut wurden, haben die den Dachbalken stützenden Kreuzbalken, an der Traufenseite liegend, eine gebogene Form (Mannrune). Die Gefache sind hier besonders groß, und der Schnittpunkt der Kreuzbalken liegt im oberen Gefachdrittel, nicht in seiner Mitte. Das ist zu beobachten bei den Bauernhäusern Knüver und beim Haus Schöttler (Ostseite), Hillen 18 (nur beim Deelenteil), ferner beim Haus Suderwicher Straße 20 und bei einem Haus an der Brinkstraße, beide in Berghausen.

Die ehemaligen Bauerngehöfte in Hillen und Berghausen, nicht die der Kötter, besaßen ein Backhaus, das in einiger Entfernung vom Haus stand. Das Backhaus von Knüver war am längsten erhalten. Es wurde 1959 abgerissen, nachdem es noch kurz vorher genutzt wurde. Zur Einrichtung eines Backhauses gehörte neben dem gemauerten Backofen ein Tisch, eine Kiste für den Stutenteig und eine für den Schwarzbrotteig. Notwendig war eine Stange mit einem nassen „Lappen", mit dem man die Glut aus der Feuerung wischte, bevor die Brote mit dem Schieber auf den heißen Backstein (Sandstein) am Boden der Feuerstelle geschoben wurden. Das Brennholz war auf einer Ablage über der Backstube untergebracht.

Der Verfasserin stehen zwei Aufzeichnungen über Hillener Bauernhäuser zur Verfügung, die hier folgen sollen. Sie sind jeweils von Frauen geschrieben.

Franziska Sandkühler beschreibt das Dreschen auf der Tenne von Schöttlers Hof, das sie so erlebte: „Auch bei der Ernte waren wir manchmal dabei. Nachher war das Dreschen sehr interessant. Auf der Tenne, die mit krausen Steinchen gepflastert war, wurde das Getreide ausgebreitet. Zu beiden Seiten standen die Leute und schlugen mit Dreschflegeln im Takt darauf, bis es ganz ausgeklopft war. Dann wurden, nachdem das Stroh abgenommen, mit großen Reisigbesen die Körner zusammengefegt, und zuletzt wurde das Korn durch ein großes Sieb gereinigt. Heute geht das mit Maschinen viel leichter und sauberer vonstatten." Daß aber der Arbeitsraum Deele auch noch anderen Zwecken diente, darüber berichtet Frau Sandkühler an anderer Stelle: „Zu Heinrichs

Beerdigung war eine große Trauergemeinde erschienen. Als alles dann vorbei war und nach dem üblichen Kaffeetrinken schon viele nach Hause gegangen waren, saßen wir zum Essen auf der Tenne beisammen, und unter unsere Gespräche mischten sich das Schnauben der Pferde und das Muhen der Kühe. Zur Deelentür spazierte ein Hahn mit Gefolge herein. Eng verbunden sind ja Menschen und Tiere auf dem Lande, leben sie doch unter einem Dach und benötigen einen den anderen an jedem Tag."
Auch die Bauernhochzeiten, die für den großen Kreis der Gäste einen entsprechenden Raum benötigten, fanden auf der Deele statt. Über die Einrichtung von Schöttlers Hof erzählt Frau Sandkühler. Dort war es „so gemütlich, daß wir gern das Schlagen der großen Standuhr überhörten. Die stand nebenan in der Küche und hatte einen bunten Blumenkranz um die Zahlen des Zifferblattes. Schwer hing das Perpendikel an der Kette und schlug den Rhythmus der Zeit. – Eigentlich war die Küche eine Diele. Man kam durch die Haustür herein, und von hier aus führten die Türen in die große Stube, ins kleine Stübchen und zur Deele, auch die Treppe, die nach oben führte, begann hier. Nur der steinerne Herd, auf dem im Sommer gekocht wurde, berechtigte zu dem Namen des Raumes. Oben waren vier Kammern, drei für die Familie und eine für das Mädchen. In der kleinsten Kammer habe ich ein paarmal geschlafen. Unten, neben der großen Stube, hatte mein Vetter seine Schlafstube, sie war vor Jahren die Junggesellenkammer meines Vaters gewesen. Der Knecht schlief „op'n Bürn" (auf der Bühne). Das war ein Raum über den Kuhställen neben dem „Haunefirkel" (Hühnerplatz über den Ställen)."
Ein interessanter Bericht über das Haus der Familie Merten, von dessen gediegener Einrichtung die Gewährsleute noch wußten, wurde von Alfons Verstege in der „Recklinghäuser Zeitung" veröffentlicht. Aus der von Elisabeth Böhling geb. Peters aus Bakkum, deren Mutter vom Mertenhof in Hillen stammte, 1940 geschriebenen Familienchronik stammt folgender Bericht: „Mertenshof – ein altes Bauernhaus. – Das Haus war in altwestfälischem Stil in Fachwerk gebaut. Durch eine Doppeltüre, die waagerecht geteilt war und einzeln geöffnet werden konnte, kam man in die große Diele. Die Tür war mit schönen Ornamenten verziert, sie wurde mit schweren, schmiedeeisernen Gehängen

und Schlössern gehalten. In der großen Diele brannte früher das Herdfeuer. Auf dem Sims standen die schönen alten zinnernen und kupfernen Kannen, Krüge und Teller. Vom Eingang links stand ein schöner alter Gläserschrank mit altem Porzellan und zwei alten Krönchenkannen (Dröppelminnas). Daneben links ging's mit einigen Stufen hinauf in die gute Stube (beste Stuow), die etwas erhöht lag, weil darunter ein Keller war. Die gute Stube war groß und mit schönen alten Möbeln eingerichtet. Wir bewunderten als Kinder immer das Bild eines Großonkels als Gardekürassier zu Pferde, in der schönen weißen Uniform auf dem braunen Pferd. Er hatte in Berlin gedient und mußte damals, wo noch keine Bahn fuhr, zu Fuß nach Berlin reisen.
Neben der guten Stube war ein kleines Schlafgemach, worin ein großes, schön geschnitztes Himmelbett stand. Durch die Diele kam man zunächst in die Wohnstube, die altbäuerlich eingerichtet war. Eine andere Tür aus der Diele führte zur großen Wirtschaftsdiele, wo auch die Kühe und Pferde standen. In der Spül- oder Waschküche hing ein alter „Schüottelkourw" (Schüsselkorb), worin die gespülten Sachen zum Ablaufen und Trocknen hineingelegt wurden. Trockentücher wurden für gewöhnlich nicht gebraucht. Früher wurden zum Essen hölzerne und zinnerne Löffel gebraucht; dafür war an der Wand hinter dem schweren eichenen Tisch ein Löffelbrett angebracht. Aus der Diele ging dann eine Treppe nach oben. Das Treppenhaus war mit einem ein Meter hohen schönen Holzgeländer umgeben. Durch den kleinen Flur, der rundherum führte, kam man zu den einzelnen Schlafzimmern. Von dem Flur aus war in der Wand ein Bettschrank mit einer geschnitzten Tür, worin uns Tante Marikatrin steckte, wenn sie uns los sein wollte. Ein schöner Garten umgab das Haus."
Zum Westfälischen Bauernhaus gehörte ein großer Garten, der für die Bauernfamilie mit vielen Kindern, Knechten und Mägden genügend Gemüse und Kartoffeln liefern mußte. Es wurden aber auch einige Feldfrüchte wie Runkeln angebaut, damit man dieses Viehfutter bei schlechtem Wetter und am Sonntag nahe dem Hause hatte.

Landwehren in Recklinghausen Ost

Von Burkhard Reisige

Die Bedeutung der Landwehren

Rund um die mit Mauern befestigte Stadt wurden im Mittelalter Landwehren errichtet. Sie sollten dem Schutz der Bevölkerung und ihrer vor den Toren gelegenen Ländereien dienen. Besonders im 14. und 15. Jahrhundert war die Gefahr von Überfällen auf die Stadt sehr groß.

Die Landwehren bestanden aus Wällen, die mit dichten Hecken bepflanzt waren und an deren Außen- und Innenseiten Gräben verliefen. Die gesamte Anlage war etwa 10 bis 20 m breit. An den Stellen, wo Landstraßen die Wehranlagen kreuzten, befanden sich bewachte Durchlässe.

Die Landwehren konnten weniger dazu dienen, den Feind abzuwehren, als ihn so lange aufzuhalten, bis die Bevölkerung sich in die Stadt zurückgezogen hatte. In längeren Friedenszeiten wurde die Pflege der Landwehren, die den Bürgern für den ihnen jeweils zugeteilten Abschnitt oblag, vernachlässigt; die Bauern schlugen zusätzliche Durchlässe, um sich weite Wege zu ihren Ländereien außerhalb der Landwehren zu ersparen.

Im 19. Jahrhundert wurden die Landwehren, die ihre Bedeutung schon lange verloren hatten, gerodet und verpachtet oder verkauft. Ihren früheren Verlauf zu rekonstruieren, ist ein mühsames Unterfangen, dem sich Konrad Masch, ehemals Vermessungsdirektor in Recklinghausen, in den Jahren 1927/28 anhand von Archivunterlagen und der Flurkarten (von 1822/23) und Flurbücher (von 1827/28) der Katasterurvermessung unterzogen hat.

Die Stadt Recklinghausen war in einem Abstand von etwa 1,5 bis 3 km vom Stadtzentrum von einer geschlossenen Landwehr (Ringlandwehr) umgeben. Radial auf die Stadt zu führten sogenannte Streichlandwehren. Durch diese sollten Feinde, wenn sie die Ringlandwehr überwunden hatten, in einem kleinen Teil der Feldmark aufgehalten und gehindert werden, die ganze Feldmark zu verwüsten oder zu plündern.

Im folgenden wird versucht, den Verlauf der Ringlandwehren und Streichlandwehren in Recklinghausen Ost nach der Beschreibung von Masch nachzuvollziehen und in einem Stadtplanausschnitt Maßstab 1 : 25.000 die Verbindung zwischem dem damaligen Verlauf der Landwehren und der heutigen Topographie des Stadtgebietes herzustellen.

Die Ringlandwehr

Die Beschreibung der Ringlandwehr beginnt dort, wo sie die Bahnlinie Wanne/Münster in Börste kreuzt und endet, wo sie im Bereich des Bergwerks General Blumenthal I, II, VI den Osten von Recklinghausen wieder verläßt.
Die Landwehr verlief entlang der heutigen Gersdorffstraße. Am Bahnübergang in Börste befand sich ein Durchlaß namens Elpenschluppe (Schluppe = Durchschlupf durch die Hecke der Landwehr). Östlich der Bahnlinie erstreckte sich die Landwehr an der Nordseite der Straße „Auf dem Stenacker" bis zur Stadtgrenze Recklinghausen/Oer-Erkenschwick. Hier befand sich ein weiterer Durchlaß nach Oer. In südlicher Richtung verlief die Ringlandwehr dann an der Stadtgrenze und weiter einen Wirtschaftsweg entlang bis zur Kreuzung Oerweg/Devensstraße/Lange Wanne. Während die Parzellen auf Recklinghäuser Gebiet in Nord-Süd-Richtung liegen, sind sie auf Erkenschwicker Gebiet in Ost-West-Richtung orientiert.
Die Ringlandwehr zog sich weiter nach Süden hin und knickte dann nach Osten ab bis zum Hause Ostcharweg 4. Ihr einstiger Verlauf ist hier identisch mit der Parzelle Flur 245 Flurstück 104. Die Breite der Parzelle beträgt etwa 15 m.
Die Ringlandwehr zog ab hier entlang des Ostcharweges erst in östlicher, dann in südlicher Richtung bis zur Dortmunder Straße. Der Wall lag nördlich des Hauses Ostcharweg 9 östlich, danach westlich des Weges. Im Gebiet der Kreuzung mit der heutigen Dortmunder Straße lag ein weiterer Durchlaß, Frekampsbaum genannt.
Der Landwehr war im Verlauf des Ostcharweges noch eine „äußerste Landwehr" vorgelagert, die vom Hause Hinsbergstraße

119 (Oer-Erkenschwick) aus entlang heute noch bestehender Parzellengrenzen nach Süden und entlang eines kurzen Feldweges verlief, westlich des Hauses Dortmunder Straße 293 auf die Dortmunder Straße stieß, dann an deren südlicher Seite in Richtung Südwesten lag, kurz vor dem Lohweg noch einmal nach Süden und dann wieder nach Westen abbog, um die Ringlandwehr wieder zu erreichen. Äußerste Landwehr und Ringlandwehr waren im Norden entlang der Hinsbergstraße (Oer-Erkenschwick) durch die Hinsberglandwehr verbunden.

Südlich der Hans-Böckler-Straße, zwischen Höhenweg und Ostcharweg, verlief eine Landwehr, die mit der Schusterlandwehr entlang der Dortmunder Straße und der Ringlandwehr im Zuge des Ostcharweges ein Dreieck bildete. Durchlässe waren das „Heck am Esseler Weg" und „Kuerhuses Bome".

Von der Dortmunder Straße verlief die Ringlandwehr entlang des Ostcharweges und des Hohen Steinweges in südlicher Richtung bis in Höhe der Brinkstraße. Die Ringlandwehr soll nach Masch in diesem Bereich Frenkingslandwehr geheißen haben; danach soll auch der Frankenweg benannt sein, der die Landwehr kreuzt. Der Frankenweg war die alte Verbindung nach Suderwich; der Durchlaß durch die Landwehr hieß „Wiembergsrennebaum" oder „Suderwicher Heck". Im weiteren Verlauf in Richtung Süden liegt der Hohe Steinweg westlich der ehemaligen Landwehr. Dies läßt sich hier wie auch zuvor in Höhe des Wasserturmes noch am Verlauf der Parzellen östlich des Weges erkennen, die in Nord-Süd-Richtung verlaufen, während die übrigen Grundstücke in Ost-West-Richtung liegen. Südlich des Durchlasses „Berghuser Bomeken" liegt allerdings die Straße wieder östlich der Landwehr.

In Höhe der Brinkstraße bog die Landwehr nach Westen ab, etwa parallel zur Castroper Straße im Abstand von erst etwa 50 m, dann etwa 200 m. Der östliche Teil hieß im 19. Jahrhundert Holzlandwehr. Heute ist der westliche Teil nicht mehr zu erkennen. da die Nordseestraße und die Bezirkssportanlage in den Heuwiesen hier die Landschaft stark verändert haben. Nach Masch traf die Landwehr südlich des Hauses Nr. 171 auf die Castroper Straße. Der Übergang an dieser Stelle hieß „Hiller Baum".

Im weiteren Verlauf in Richtung Westen ist die Ringlandwehr spätestens beim Bau der Eisenbahn vom Hauptbahnhof nach

Urkunde von 1658: Verpachtungsprotokoll des Hiller Zehnten
(siehe auch Beitrag „Von Hilinon zu Ost", Seite 9).

Recklinghausen Ost und der Abteufung der Schächte I, II und VI der Zeche General Blumenthal verloren gegangen. Ehemals kreuzte die Landwehr den Hellbach, an dessen Verlauf drei Mühlen lagen (Ober- oder Vorderste Mühle, Mittelste oder Zweite Mühle und Kreien-, Kray- oder Untere Mühle). Die Herner Straße wurde in Höhe des Hauses Herner Straße 72 gekreuzt. Damit hatte die Landwehr den Oster Raum verlassen.

Die Streichlandwehren

Östlich der Stadt lagen die Fleischhauerlandwehr (nur teilweise), die Wandschneiderlandwehr, die Schusterlandwehr, die Schneiderlandwehr und die Bäckerlandwehr. Sie trugen ihre Namen nach den Gilden, denen die Pflege dieser Landwehren oblag.
Die Fleischhauerlandwehr lag im wesentlichen im Verlauf des Börster Weges westlich der Eisenbahn Wanne Münster. Etwa 250 m südlich der Straße Auf dem Stenacker würde sie heute im Verlauf der dort vorhandenen geradlinigen Verlängerung des Börster Weges östlich der Bahnlinie verlaufen.
Die Wandschneiderlandwehr lag früher entlang der heutigen Straße Lange Wanne, die ehemals Oerweg hieß, zunächst südlich des Hauses Lange Wanne 84 in Ost-West Richtung, dann in südwestlicher Richtung entlang der Straße bis zum ehemaligen nördlichen Eingang der Zeche General Blumenthal III/IV (heute Betriebshof der Bundespost am Oelpfad). Sie erstreckte sich durch das Zechen- und Bahngelände nördlich des Hauptbahnhofes in den heutigen Oerweg westlich der Bahn.
Die Schneiderlandwehr war die kürzeste aller bekannten Landwehren. Sie verlief über den Hinsberg, begann an der Ringlandwehr südlich des Hauses Lange Wanne 84, erstreckte sich in Richtung eines noch heute vorhandenen Feldweges nach Süden, kreuzte die Straße im Hinsberg, wandte sich nach Osten und stieß etwa in Höhe des Hauses Ostcharweg 41 wieder auf die Landwehr.
Die Schusterlandwehr zog sich an der Südseite der Dortmunder Straße entlang, beginnend im Osten an Frekampsbaum bis in Höhe der Kreuzung mit der Hinsbergstraße und der Kardinal-von-

Landwehren in Recklinghausen-Ost

Galen-Straße. Sie führte südlich um eine Linde herum, die in der Gabelung der Dortmunder Straße und der Straße Im Kuniberg stand. Etwas weiter westlich lag „Konnenbergs–Schlagbaum", durch den eine Verbindung zwischem dem südlichen Kuniberg und dem nördlichen Ossenberg bestand. Die Kollegschule Kuniberg mit Sporthalle überlagert heute den weiteren Verlauf der Schusterlandwehr, deren Spur man südlich der Sauerlandstraße in dem dort vorhandenen Weg zwischen Münsterlandstraße und Ossenbergweg wiederfindet, der nach Masch „Hageneikkensweg" geheißen haben muß.

Die Bäckerlandwehr lief vom „Berghuser Bomeken", wo westlich des Hohen Steinweges bis vor ca. 15 Jahren die Nebengebäude der Münch'schen Ziegelei standen, in Richtung zur Stadt über den Quellberg. Der Verlauf ist in der heutigen Topographie nicht zu rekonstruieren. Nach Masch verlief die Bäckerlandwehr nördlich der ehemaligen Fischdick'schen Ziegelei. Zu dieser Ziegelei gehörten zwei Häuser (ehemals Am Quellberg 73 und 75). An ihrer Stelle steht heute das Ökumenische Zentrum. Geblieben sind nur die hohen Bäume vor dem Zentrum. Die Landwehr endete nördlich der Liebfrauenkirche an der heutigen Kreuzung August-Schmidt-Ring/Graveloher Weg/Douaistraße. Auch in ihrem westlichen Teil hat die Bebauung des Quellbergs den Verlauf der Landwehren verwischt.

Die Landwehren sind im allgemeinen im nördlichen Halbkreis um die Stadt herum noch heute eher zu rekonstruieren und in der Landschaft auffindbar als im südlichen Bereich; hier hat die Bebauung ihren Verlauf unkenntlich gemacht. Die sehr genaue Beschreibung der Landwehren bei Konrad Masch ist hier eher an Karten als in der Topographie erkennbar.

Kirchen in Ost/Hillen

Die katholische Kirchengemeinde Liebfrauen

Von Hugo Berger

1.) Geschichtliche Entwicklung
„August 1900:
Auf dem Grundstück Castroper Straße 43 (früher Suderwicher Straße) wurde mit der Errichtung einer Notkirche begonnen. Diese Notkirche, geschaffen aus dem Material eines abgebrochenen Stalles, ist der Uranfang der jetzigen katholischen Liebfrauenkirche und der katholischen Pfarrgemeinde in Ost.
9. Oktober 1900:
Dechant Hauschop von St. Peter in Recklinghausen gab der Notkirche die kirchliche Weihe. Zugleich wurde Hillen als Rektorat von der Muttergemeinde St. Peter abgetrennt und Kaplan Bernhard Leesing als Rektor berufen."
So lesen wir in der Chronik über den Beginn dieser katholischen Kirchengemeinde, ebenso vom Weitblick der Verantwortlichen, die rechtzeitig die Notwendigkeit eines eigenen Pfarrlebens im Hillener Raum erkannten.
Die starke wirtschaftliche Entwicklung, im wesentlichen beeinflußt durch den Bergbau, führte zu einem ungeahnten Anstieg der Einwohnerzahl Recklinghausens um die Jahrhundertwende. Damit wuchs die Zahl der damaligen einzigen Kirchengemeinde von Recklinghausen, St. Peter, erheblich.
Um 1900 lebten in Recklinghausen 34 019 Einwohner. Allein Hillen zählte etwa 1 570 Einwohner, fast ausschließlich Katholiken. Mit dieser ständig steigenden Entwicklung mußte auch das kirchliche Leben Schritt halten. So entstanden 1893 im südlichen Stadtteil die Marienkirche und 1900 das Rektorat Liebfrauen in Ost/Hillen. Hillen wurde nun als Rektorat von der Muttergemeinde abgetrennt und Kaplan Leesing zum Rektor berufen. Da es noch kein Pfarrhaus gab, mietete sich Leesing im Hause Dortmunder Straße 29 ein. Licht und Heizung fehlten noch in der Notkirche.

„Wer in diesen Tagen in der Kirche sehen wollte, mußte sich einer mitgebrachten Kerze bedienen". Erst Ende Oktober 1900 wurde eine Gasleitung installiert. Lehrer Küper konnte bereits am 9. November 1900 einen Kirchenchor gründen, während Rektor Schumacher das Orgelspiel besorgte. Am 5. August 1901 stellte der Landwirt Heinrich Sanders vier Morgen Land „für den Bau einer Steinkirche auf dem Eppinghof" zur Verfügung, davon zwei Morgen unentgeltlich. Am 12. August 1901 wurde abgesteckt, im Oktober folgte der erste Spatenstich. Die Grundsteinlegung geschah am 12. Juni 1902. Die Bauleitung war dem Architekten Lohmann, die Ausführung der Baufirma Wilhelm Tillmann, beide aus Recklinghausen, übertragen. Drei volle Jahre war der Gottesdienst in der Notkirche gefeiert worden, bevor am 19. Oktober 1903 die jetzige Pfarrkirche durch Weihbischof Maximilian Graf von Galen konsekriert wurde.

Vier Bronzeglocken wurden 1902 bei der Bronzeglockengießerei Petit und Edelbrock in Gescher in Auftrag gegeben und im September 1903 an ihren luftigen Standort gebracht. 10.701 RM mußten aufgebracht werden. 1917 wurden drei Glocken beschlagnahmt, um für Kriegszwecke mißbraucht zu werden. Der Friedhof, ursprünglich 1 ha und 56 ar groß, wurde am 31. Januar 1904 geweiht. Über die Pfarrkirche selbst wird berichtet:

„Die Kirche ist in neugotischem Stil als dreischiffige Hallenkirche erbaut und hat eine Länge von 53 m, eine Breite von 19,5 m, eine Höhe von 17 m bis zum Gewölbescheitel. Der Turm mißt 75 m. Ein großartiges Kunstwerk stellt der Hochaltar dar, angefertigt von der Firma Bücker aus Rhede, während das Steinpostament hergestellt wurde von der Firma Siebe aus Wiedenbrück."

Dank der großen Opferbereitschaft aller konnte in kurzer Zeit die erste Innenausstattung beschafft werden. In der Festzeitschrift zum 25jährigen Jubiläum wird ausführlich darüber berichtet. Zu lesen sind alte bekannte Hillener Namen, vornehmlich Landwirte, die z.B. den Hochaltar, die Kanzel, das Ewige Licht, die Chorfenster, die Seitenaltäre, das Chorgestühl, die Kreuzwegstationen, Bilder, Heiligenfiguren u.a. für ihre neue und schöne Kirche spendeten. Bis zur Installierung der großen Orgel im Jahre 1928 stellte die Firma Breil (Dorsten) eine Notorgel zur Verfügung. Jetzt konnte sich Gemeindeleben entfalten. Nicht nur im Gottes-

getilgt werden konnten.

Zu Ostern 1922 wurden drei neue Glocken, nun aus Gußstahl vom Bochumer Verein gegossen, ihrer Bestimmung übergeben. Erstaunlich ist, daß es in dieser Zeit der allgemeinen wirtschaftlichen Not möglich war, solche Vorhaben durchzuführen. Im Sommer 1923 wurde die Rektoratskirche in Röllinghausen fertiggestellt und Pfarrektor Zumloh dort eingeführt. In der Chronik steht zu lesen, daß bereits 1902 für Oberröllinghausen ein Kirchbauverein gegründet worden war. Erst 1913 stimmte der Kirchenvorstand von Liebfrauen für den Platz an der Niederstraße zum Bau einer Kirche. Sowohl St. Petrus-Canisius als auch Herz-Jesu wurden erst am 1. März 1949 zur Pfarre erhoben.

haus, wo nun das Wort Gottes verkündet werden konnte, auch Standesvereine, Fürsorgevereine und sonstige Gruppen fanden sich sehr bald und halfen, die Pfarrgemeinde mit Leben zu erfüllen.
Die Mutterpfarre St. Peter war 1910 zu einer Gemeinde mit 36 000 Katholiken angewachsen. Da lag der Gedanke nicht mehr fern, eine weitere Teilung dieser Riesenpfarre vorzunehmen. Am 31. März 1912 schließlich wurde das Rektorat Hillen zur selbständigen Pfarre erhoben und Rektor Leesing am 30. Juni 1912 als Pfarrer eingeführt. Damit wurde auch die Vermögensverwaltung der neuen Pfarre übertragen. In der Urkunde über die „Errichtung der Liebfrauenpfarre zu Recklinghausen-Ost" sind als Eigen-

nämlich noch über den Hohen Steinweg und über die Castroper Straße nach Süden hin. An der Ecke Hoher Steinweg/Castroper Straße besitzt die katholische Kirchengemeinde St. Peter größere Grundstücksflächen, die für den Kirchenbedarf zur Verfügung standen. Anfang der 70er Jahre zeigte sich aber schon, daß diese großräumige Entwicklung nach Osten und Süden nicht stattfinden würde, somit auch die Grundstücke der Propsteigemeinde für Kirchenzwecke nicht geeignet waren, da sie nun am äußersten Zipfel des Baugebietes lagen. Als der damalige Pfarrgemeinderat unter dem Vorsitz von Hans Georg Kollmann diese Situation erkannte, hat er sich gemeinsam mit dem Kirchenvorstand an die bischöfliche Behörde in Münster gewandt, wo dann rasch entschieden wurde, daß die katholische Kirchengemeinde Liebfrauen sich um ein geeignetes Grundstück bemühen solle, um den notwendigen Bedarf an kirchlichen Einrichtungen abdecken zu können. Auf der Suche nach einem Grundstück stießen wir auf eine Fläche, die der Stadt Recklinghausen gehörte, aber unmittelbar an das Grundstück anschloß, das die evangelische Kirchengemeinde kurz zuvor von der Stadt erworben hatte. Unsere Verhandlungen mit der Stadt zogen sich lange hin. Zwischenzeitlich hatten wir Kontakt mit der evangelischen Gemeinde aufgenommen und ihr den Vorschlag unterbreitet, an Stelle von zwei nebeneinanderliegenden Gemeindezentren ein gemeinsames zu bauen. Dieser Vorschlag wurde begrüßt und angenommen. Bis zur Verwirklichung des Projektes im Jahre 1982 sind dann fast 10 Jahre verflossen. Heute sind wir dankbar und froh, daß uns dieses Werk gelungen ist. Die Arbeit im Hause läuft gut an. Der ökumenische Geist ist die Triebfeder für viele gute Initiativen, und wir hoffen, daß es so bleiben wird."

2.) Gemeindeleben heute
Das Leben einer Gemeinde äußert sich am stärksten in den Aktivitäten, die dort entwickelt werden. Eine nicht geringe Bedeutung haben dabei die kirchlichen Vereine, Organisationen und Gruppen.
In der Liebfrauengemeinde hat es immer ein reges Vereinsleben gegeben. Daß es auch heute noch so ist, zeigt die anschließende Aufzeichnung der in dieser Gemeinde wirkenden Gruppen.

Kirchenvorstand

Der Kirchenvorstand regelt und entscheidet alle finanziellen und juristischen Angelegenheiten, die die Kirchengemeinde Liebfrauen wahrzunehmen hat. Dies ist die einzige, aber sehr verantwortungsvolle und umfassende Aufgabe. Die Mitglieder werden von den Pfarrangehörigen für sechs Jahre gewählt. Die Zahl der Mitglieder richtet sich nach der Zahl der Gemeindemitglieder. Der Kirchenvorstand hat bei einer Seelenzahl von etwa 8.200 z.Zt. zehn Mitglieder.

Pfarrgemeinderat

Daß der Laie in der Kirche einen neuen Standort erhalten hat, zeigt sich nicht zuletzt in der Errichtung von Pfarrgemeinderäten. Der erste Pfarrgemeinderat in unserer Gemeinde hat seine Arbeit 1968 aufgenommen. Er ist ein für vier Jahre gewähltes Gremium, das die Gemeindearbeit in Zusammenarbeit mit dem Pfarrer mitverantwortlich trägt. Viele Anstöße, viele Aktivitäten gehen von ihm aus oder er koordiniert sie auf seelsorglichem, liturgischem und caritativem Gebiet. Hervorzuheben sind die innerhalb des Gemeinderates gebildeten Sachausschüsse, z.B. der Sachausschuß „Dritte Welt", der ein Elendsviertel mit ca. 10.000 Einwohnern, Fredonia bei Cartagena in Kolumbien, als Patengemeinde angenommen hat.
Der Sachausschuß „Caritas" und „Soziales" arbeitet vor allem in der Stille, und das liegt in der Sache selbst. Ins Auge fällt vielleicht mehr die Betreuung der Patienten in den Krankenhäusern und Altersheimen und die Besuche zu Weihnachten und an Geburtstagen.
Im Sachausschuß „Jugend" befassen sich Erwachsene und Jugendliche mit allen Jugendangelegenheiten. Ein weiterer Ausschuß ist der für „Öffentlichkeitsarbeit und Erwachsenenbildung". Dieser Ausschuß zeigt sich vor allem im „Katholischen Bildungswerk". Groß und vielseitig ist hier das Angebot für alle Gemeindemitglieder, z.B. der Gesprächskreis für Glaubensfragen; Kurse für Basteln, Töpfern und Modellieren; Sprachkurse, Gym-

nastikkurse, Blockflötenkurse, hier insbesondere für Kinder; der „Volkskundliche Arbeitskreis", in dem auch das Brauchtum Hillens angesprochen wird; Studienfahrten; Veranstaltungen der Altengemeinschaft Liebfrauen mit Lichtbildervorträgen, Ausflügen usw.

Chorgemeinschaft Liebfrauen

Diese Gemeinschaft, früher Cäcilienchor genannt, wurde, wie bereits im geschichtlichen Teil erwähnt, am 9. November 1900 gegründet. Dem gemischten Chor gehören zur Zeit über 60 aktive Mitglieder an. Durch sein Mitwirken trägt der Chor zur Verschönerung der Gottesdienste bei. Seit 1970 veranstaltet er auch „Geistliche Abendmusiken" in der Liebfrauenkirche. Im November jeden Jahres feiert der Chor sein Cäcilienfest mit musikalischen und gesanglichen Darbietungen.

Die katholische Arbeitnehmerbewegung, kurz KAB genannt, erstrebt die zielbewußte Förderung der Arbeitnehmerschaft auf der Grundlage der katholischen Soziallehre. Sich der Tatsache bewußt, daß der einzelne katholische Arbeitnehmer sein Anliegen nicht genügend zur Geltung bringen kann, fand man sich in Deutschland schon vor mehr als 100 Jahren im kirchlichen Raum, um sich in der KAB für die Rechte des arbeitenden Menschen einzusetzen.
Der Bergbau, und vor allem das nach der Jahrhundertwende auf Hillener Boden errichtete Eisenbahn-Ausbesserungswerk veränderten das Leben in unserer Pfarre in starkem Maße. Verständlich daher, daß sich auch hier Arbeiter fanden, um neben dem seit 1891 tätigen Knappenverein einen Arbeiterverein ins Leben zu rufen. Am 28. November 1909 fand die Gründungsversammlung statt. Man gab sich den Namen „Katholischer Arbeiterverein St. Joseph Recklinghausen - Ost".
Fruchtbringende Arbeit wurde in all den Jahren bis heute geleistet, trotz großer Opfer in zwei Weltkriegen, trotz Unterdrückung, Verfolgung und Verbot in der nationalsozialistischen Diktatur.

Die KAB schaut mit Zuversicht in die Zukunft und sieht mit Dank und Freude dem Jahr 1984 entgegen, in dem sie auf 75 Jahre ihres Bestehens zurückblicken kann.

Die Katholische Frauengemeinschaft ist ein Zusammenschluß von Frauen, die als einzelne wie in der Gemeinschaft ihre Verantwortung und Aufgabe im Bereich der Familie, Kirche und Gesellschaft zu übernehmen bereit sind. Bekannter ist die Gemeinschaft unter dem Namen „Mütterverein". Bereits Pfarrer Leesing hatte den Verein 1902 in der Gemeinde Liebfrauen ins Leben gerufen.
Pfarrer Tensundern schreibt anläßlich des goldenen Jubiläums des Müttervereins im Jahre 1952: „Dem Mütterverein ergeht es so, wie der Mutter in der Familie. Sie ist die Seele der Familie und leistet ungemein viel Gutes, und doch wird ihre Arbeit im allgemeinen zu wenig gewertet."

Die Jugend von heute ist die Gemeinde von morgen.

Mit Aufmerksamkeit und großem Bemühen widmet sich deshalb die Pfarrgemeinde der Kinder- und Jugendarbeit. Insbesondere ist hier der „Ausschuß für Jugendarbeit" im Pfarrgemeinderat zu nennen.
Man kennt heute Jugendgruppen, die eingebunden sind im Bund der „Deutschen Katholischen Jugend" (BDKJ) und Jugendgruppen auf freiwilliger Basis. Zur erstgenannten Gruppe zählen in Ost die Katholische junge Gemeinde (KJG) und die Pfadfinder. In den freien Gruppen gibt es Zusammenkünfte in der Teestube, den Spiel- und Bastelgruppen und den heute so beliebten Tanz- und Discoabenden. Ziel und Bemühen ist das Erlebnis des einzelnen in der Gemeinschaft, um dieses Erleben zu verwirklichen und weiterzugeben.
Zwei Kindergärten werden in der Gemeinde unterhalten. Der Kindergarten Liebfrauen, neben dem Jugendheim gelegen, führt 100 Kinder in vier Gruppen, der Kindergarten St. Raphael, Fliederbusch 18, im Jahre 1964 gegründet, hat eine Platzzahl für 75 Kinder in drei Gruppen.

Ferienwerk Liebfrauen

Seit etwa 30 Jahren veranstaltet die Pfarrgemeinde in den Sommerferien eine dreiwöchige Ferienerholung für Kinder zwischen 9 bis 13 Jahren. Das Ferienziel war in den letzten Jahren Schloß Grades in Kärnten. Durch Zuschüsse der Gemeinde und des Caritasverbandes wird auch Kindern aus kinderreichen oder bedürftigen Familien der Ferienaufenthalt ermöglicht.
Eine weitere Aktivität der kirchlichen Vereine entfaltet sich zur Karnevalszeit. Sehr bekannt und beliebt ist die „Hillsche Karnevalsgesellschaft", die seit vielen Jahren im Oster Pfarrsaal mit eigenen Kräften Freude und Frohsinn bringt, nicht zum Selbstzweck, sondern zur Freude aller.
Wenn man über das Gemeindeleben der Pfarre Liebfrauen berichtet, dann darf ein Mann nicht unerwähnt bleiben: Joseph Rosenkranz. Vielen Gemeindemitgliedern unvergessen, war er bereits vor dem letzten Weltkrieg führend in der Jugendarbeit tätig und hatte in der NS-Zeit manche Schwierigkeiten mit der Gestapo zu überstehen.
Schon 1945 setzte er seine Gemeindearbeit fort und schuf die Grundlage für ein aktives Jugendleben. Ab 1946 organisierte er für die Pfarrjugend Ferienlager in der näheren Umgebung. Ihre Fortsetzung fand diese Tätigkeit in dem erwähnten „Ferienwerk". Über 30 Jahre war Joseph Rosenkranz auch verantwortlich und erfolgreich tätig im Kirchenvorstand, wo er vornehmlich auf dem Bausektor große Aktivität entfaltete.
Der Groß-Hillschen Karnevalsgesellschaft, deren Mitgründer er war, galt seine ganze Liebe. Seit 1955 bis zu seinem Tode im Jahre 1982 wirkte er ununterbrochen in dieser Gemeinschaft.
Sehr anregend sind die verschiedenen Familienkreise, die sich in der Gemeinde gebildet haben. Jeweils vier bis fünf Ehepaare treffen sich regelmäßig zum Gespräch über sie bewegende Fragen und Anliegen der heutigen Zeit.
Eine besondere Aufgabe sieht die Gemeinde darin, den Kontakt mit den vielen zugezogenen Bürgern zu finden, ihnen zu helfen, sich in ihrer Umgebung wohlzufühlen und Möglichkeiten der Begegnung zu schaffen.

Die evangelische Kirchengemeinde Ost-Quellberg

Von Pfarrer Ulrich Weingärtner

Die evangelische Kirchengemeinde des Ortsteiles Recklinghausen-Ost wurde bis zum Jahre 1966 von dem ehemaligen Pfarrbezirk der Altstadt betreut. Eine eigenständige Gemeinde bestand für Ost nicht. Im Zuge der Aufgabenhäufung und der immer größer werdenden evangelischen Gemeinde wurde der Pfarrbezirk Altstadt aufgeteilt.
Als die evangelische Kirchengemeinde Hillerheide am 1. Januar 1967 als selbständige Gemeinde aus dem Pfarrbezirk der Altstadt hervorgegangen war, wurde ihr gleich ein zweiter Pfarrbezirk als Morgengabe mitgegeben: der Neubaubezirk Ost-Quellberg. Es war das Bestreben des Presbyteriums der Hillerheide, den evangelischen Christen dieses Siedlungsgebietes eine christliche Heimat zu geben.
Es sollte eine Kirchengemeinde aus dem Boden entstehen. Wegen der begrenzten finanziellen Mittel wurden Überlegungen angestellt, ein Ökumenisches Gemeindezentrum zu schaffen. Trotz großer Schwierigkeiten hielten nach langen Vorgesprächen der Kirchenvorstand der Katholischen Gemeinde Liebfrauen und das Presbyterium der Hillerheide an dem Plan fest, ein Ökumenisches Zentrum zu errichten. Den beiden Kirchengemeinden wurde eine Fläche für Gemeinbedarf zugewiesen.
Im Laufe der Planungen kamen die verantwortlichen Gremien zu dem Entschluß, wegen des Neubaugebietes für die jungen Familien zuerst einen Kindergarten einzurichten. Um die anstehende Gemeindearbeit mit Leben zu erfüllen, wurde das ehemalige Fischdicksche Haus mit geringem Aufwand hergerichtet. Aus der ehemaligen Werkstatt entstand ein Kindergarten, in dem in einer Vormittags- und Nachmittagsgruppe je 50 Kinder betreut werden konnten.
Mit tatkräftiger Unterstützung eines Gemeindehelfers hat der Inhaber der ersten Pfarrstelle, Pfarrer Detlef Kühn-Schildknecht, von der Heide den Gemeindeaufbau begonnen. Im Juli 1980 war dann der erste Spatenstich für das Ökumenische Gemeindezen-

trum in Ost-Quellberg. Die Grundsteinlegung für dieses Zentrum nahmen im März 1981 im Beisein von Pfarrer Detlef Kühn-Schildknecht, Pfarrer Ulrich Weingärtner, Vorsitzender des Presbyteriums Re-Hillerheide, und Pfarrer Ludger Bley, Vorsitzender des Kirchenvorstandes Liebfrauen, vor.
Während einer Festwoche wurde das Gebäude am 16. Mai 1982 in Gegenwart zahlreicher Repräsentanten des öffentlichen Lebens seiner Bestimmung übergeben.
In der Festschrift zur Eröffnung schreibt einer der beteiligten Recklinghäuser Architekten, Karl-Heinz Dreischhoff u.a.: „Das neuerbaute Ökumenische Zentrum ist neben seiner Funktion als städtebauliche Dominante, in den Schwerpunkten des Baugebietes „Quellberg" gelegen, sicherlich auch als Mittelpunkt für das Kommunikationsbedürfnis einer noch jungen Bevölkerung in einem neuen Baugebiet zu sehen."

Evangelisch-Freikirchliche Gemeinde, Recklinghausen, Friedenskirche

Von Pastor Willy Müller

1.) Aus der Chronik der Gemeinde

Die Anfänge unserer Gemeinde gehen zurück in das Jahr 1922. Damals begann die Arbeit mit drei oder vier Familien, die von der Muttergemeinde Herten unterstützt wurden. Schnell erhöhte sich die Zahl auf 20 Mitglieder. Da man keinen geeigneten Raum zur Verfügung hatte, versammelte man sich hin und her in den Häusern zum Bibelgespräch und zum Gebet.
In den Jahren 1926/27 baute die Muttergemeinde Herten unter Mitwirkung der Recklinghäuser Gemeindeglieder in der Tellstraße ein Gemeindehaus mit sieben Wohnungen und einem Versammlungsraum im Erdgeschoß, der etwa 100 Personen Platz bot. Am 1. Januar 1928 war die feierliche Einweihung des Gottesdienstraumes.
Im 2. Weltkrieg litt die Gemeinde sehr durch die furchtbare Not, die über unser Volk hereinbrach. Das Gemeindehaus wurde durch Bomben beschädigt, so daß die Versammlungen für einige Zeit eingestellt werden mußten.
In den 50er Jahren ging es wieder aufwärts. Am 21. November 1956 berief die Gemeinde, immer noch Zweiggemeinde von Herten, ihren ersten Pastor. Am 1. Oktober 1960 war es dann soweit: Die Gemeinde Recklinghausen wurde offiziell als selbständige Gemeinde in den Bund Evangelisch-Freikirchlicher Gemeinden in Deutschland K.d.ö.R. aufgenommen.
1963 wurde das Grundstück Münsterlandstraße 24 erworben, auf dem heute die Friedenskirche steht. Die Einweihung dieses neuen Gotteshauses fand nach etwa 16monatiger Bauzeit am 12. März 1967 statt. Derzeitiger Pastor ist Willy Müller.

2.) Zum Selbstverständnis der Gemeinde

Die Evangelisch-Freikirchliche Gemeinde ist, wie ihr Name schon sagt, eine Freikirche. Sie erfüllt gegenüber Staat und Gesellschaft ihre Verpflichtungen, aber sie lehnt jede Abhängigkeit vom Staat ab.

Als Freikirche hat sie nur Mitglieder, die sich auf Grund ihrer Bekehrung und des Bekenntnisses ihres Glaubens taufen und in die Gemeinde aufnehmen ließen (nach urchristlichem Vorbild übrigens, deshalb praktizieren wir die Kindertaufe nicht) und die bereit sind, ein christliches Leben zu führen. Da der Glaube an Gott nie durch Zwang, sondern nur durch eine freie Entscheidung entstehen kann, betont sie die persönliche Glaubens- und Gewissensentscheidung für alle Menschen.

Die Bedürfnisse ihres Gemeinde- und Missionshaushaltes werden aus freiwilligen Beiträgen ihrer Mitglieder bestritten, über deren Verwendung genaue Rechenschaft vor der Versammlung der Gemeinde gegeben wird, d.h.: Es wird keine Kirchensteuer erhoben, und jede Ortsgemeinde regelt ihre Angelegenheiten selbständig.

Die Geschichte der Evangelisch-Freikirchlichen Gemeinden ist im übrigen eng verknüpft mit der Geschichte der gesamten Christenheit. Sie haben mit den anderen evangelischen Kirchen viel Gemeinsames in der Form der Gottesdienste, in ihren Liedern, in ihrer Missions- und Sozialarbeit. Sie beanspruchen nicht, die einzigen wahren Nachfolger Jesu Christi zu sein und die allein-seligmachende Kirche darzustellen, sondern fühlen sich im Gegenteil mit allen verbunden, die Jesus Christus von Herzen lieben und das auch mit ihrem Leben bezeugen möchten. In Deutschland sind sie in der „Arbeitsgemeinschaft christlicher Kirchen" und in der „Evangelischen Allianz" vertreten und schätzen die Gemeinschaft mit vielen bibelgläubigen Christen anderer Benennungen.

Im Schutz alter Bäume: Femekreuz am Hohen Steinweg

Dominierendes Gotteshaus in Ost: Liebfrauenkirche, 1903 geweiht

Neogotische Raumgestaltung: Inneres der Liebfrauenkirche

Alte Volksschule in Ost: Schule an der Liebfrauenstraße, heute Grundschule

Größter Schulneubau in Recklinghausen: Kollegschule Kuniberg, früher Kaufmännische Berufs- und Berufsfachschule mit Handelsschulen der Stadt Recklinghausen. Zur Schule gehören außerdem eine Sporthalle (die erste in Recklinghausen) und die Theateraula Kuniberg

Schulen in Hillen und Ost

Von Gert Dieter Dunke

„In Hillen hatte", so berichtet Heinrich Brathe 1950 in „Hillen einst und jetzt", „bis zum Jahre 1820 eine eigene Schule bestanden, und zwar wurde der Unterricht in dem Backhaus des Pillschen Hofes abgehalten. Sodann mußten die Kinder aus Hillen zur Turmschule in der Altstadt, bis im Jahre 1901 wieder ein eigener Schulbetrieb in Hillen eingerichtet wurde." Die Turmschule (heute Ikonenmuseum) wurde 1797 erbaut und löste als Schule das altersschwache „Fachwerkhäuschen auf dem Kirchhofe" (Dorider) ab, das in vier Räumen - je zwei für Volksschule und Gymnasium - das gesamte Recklinghäuser Schulwesen beherbergt hatte. 1848 wurden je eine dritte Knaben- und Mädchenklasse eingerichtet, 1878 und 1895 dann die jeweils vierte und fünfte (Dorider und Alldieck).
Die Ortschroniken von Recklinghausen, die der erste hauptamtliche Bürgermeister Joseph Wulff (1811 - 33) für die Jahre 1820 bis 1829 anfertigte (Vest. Zeitschr., Bd. 77/78), weisen aus, daß es in dieser Zeit keine Schule in Hillen gab, denn er nennt ausdrücklich alle 13 bestehenden Schulen seiner Bürgermeisterei für 1820 sowie 1824 und 1825: das Gymnasium und je zwei Knaben- und zwei Mädchenschulen in Recklinghausen sowie je eine Schule in den Dörfern Suderwich, Oer und Herten und in den Bauerschaften Hochlar, Bockholt, Lenkerbeck, Speckhorn und Röllinghausen.
Die Kinder aus Hillen gingen also seit 1820 in diese Schulklassen, die in der Turmschule und der Friedhofsschule von 1860 - das jetzige Gebäude ist von 1895 - untergebracht waren.
Die Bauerschaft Berghausen gehörte damals, Anfang des 19. Jahrhunderts, zum Röllinghäuser Schulbezirk. „Außerdem schickten vier Familien des Recklinghäuser Ortsteils Hillen ihre Kinder zu dieser nähergelegenen Schule statt zur Altstadt," wie Dorider berichtet. Es dürften dies wohl die in der Nähe des späteren Bahnhofs Ost und bei Wüller liegenden Bauern gewesen sein. Deutlich wird aber hierbei, daß die Hillener Kinder eigent-

lich zur Schule in der Altstadt gehörten. Röllinghausen war bis 1926 noch eine eigenständige Gemeinde und gehörte nicht zur Stadt, sondern zum Amt Recklinghausen.

Aus dem Jahre 1812 gibt es jedoch im Stadtarchiv (I T 35) eine Schülerliste des Schulbezirkes Stadt Recklinghausen, die diese Vermutung stützen könnte. Zunächst sind darin alle 390 schulfähigen Kinder aus der Stadt aufgezählt, dann folgen die 37 „der sogenannten Pfahlbürger zu Hillen; wovon der nächste Bewohner 10, der weiteste 25 Minuten von den Hauptschulen entfernt sind". Nur die letzten sechs Kinder, wenn auch in den 37 enthalten, haben keine Angaben zu Alter, Konfession oder Geschlecht. Ihre Namen waren Hütter, Honacker, Sandkühler, Dörlemann und Rademacher - also fünf Familien insgesamt, deren „Stand" immer mit „Kötter" angegeben wurde. Die Höfe (be)stehen fast alle heute noch und liegen sämtlich in der vermuteten Gegend. Auch andere bekannte Hillener Namen finden sich in der Schülerliste wie etwa Sanders, Münch, Schöttler, Godde, Hollender, Pill, Reusing, Knüfer oder Wienhöfer. Interessant ist vielleicht auch die Berufsstruktur: bei 9 Familien steht „Ackersmann", bei 16 „Kötter". Daneben gibt es 6 „Leineweber", 2 „Schneider" und einen „Zimmermann" - zwei Frauen sind Witwen, bei einer Familie fehlt die Angabe.

Im letzten Drittel des 19. Jahrhunderts wuchs die Bevölkerung Recklinghausens durch den Bergbau rasch an: „1850 = 3.887, 1900 = 34.019 Einwohner" - so die Chronik der kath. Hilfsschule Altstadt, und weiter: „In gleicher Weise stieg die Schülerzahl" und „1907 gab es 137 Klassen". 1920 waren es schon 230 in 19 Schulen mit 24 Schulgebäuden. Im Zuge dieser Entwicklung wurden auch Schulen - Volksschulen, wie sie im 19. Jahrhundert allmählich einheitlich genannt wurden - in Hillen, das seit 1904 Ost hieß, gebaut. Die kath. Volksschule an der Liebfrauenstraße wurde 1901 bezogen, die am Graveloher Weg 1905. Beide wurden bald erweitert. Die evgl. Jahnschule wurde am 22. September 1910 bezogen. Über dem Vordereingang steht noch heute der Wahlspruch: „Ohne Fleiß kein Preis".

Diese drei Schulen bildeten für viele Jahre das ganze „Oster Schulwesen". Moderne Realschulen gab es in Recklinghausen überhaupt erst nach dem Zweiten Weltkrieg, und die Gymnasien lagen alle in der Innenstadt.

Heute stellt sich das Schulwesen im östlichen Stadtteil ganz anders dar. Die alte 8jährige Volksschule wurde 1968 in die Grundschule (Klassen 1-4) und die Hauptschule geteilt, die heute sechs Jahrgänge umfaßt (Klassen 5-10). Auf dem Kuniberg stehen die modernen Gebäude der Realschule III und der Kollegschule, früher Kaufmännische Schulen. Die alte Volksschule an der Jahnstraße hat einen schönen Anbau bekommen und beherbergt seit 1978 die ehemalige Sonderschule Altstadt, die nach jahrelangem Gastdasein nun endlich ein eigenes Schulhaus besitzt. In den 70er Jahren bestand für einige Zeit einmal die Überlegung, auf dem Fritzberg ein neues Gymnasialgebäude zu errichten, doch ist es bei den Plänen geblieben. Neue Grundschulen sind entstanden auf dem Hinsberg und im Quellberggebiet, um so die Liebfrauenschule zu entlasten, die vor gut einem Jahrzehnt durch die Bebauung des Kunibergs und des Quellbergs zeitweise mit über 1000 Schülern zu den größten Grundschulen in Nordrhein-Westfalen gehörte. An der Canisiusstraße entstand 1965/67 eine neue Volksschule, heute die Hauptschule für ganz Ost und längst viel zu klein. Ein Erweiterungsbau entsteht. Die alte Volksschule am Graveloher Weg wurde gleich nach dem Zweiten Weltkrieg verkauft und dient nicht mehr ihrem ursprünglichen Zweck. In diesem Wandel sind verschiedene Entwicklungen sichtbar geblieben:

1. Die zunehmende Besiedlung des Oster Stadtteils (Kuniberg, Hinsberg, Quellberg) hat neue Schulbauten erforderlich gemacht.
2. Die Neugliederung der Volksschulen 1968 hat das Schulwesen verändert.
3. Die wachsende Zahl der auf Realschulen (und Gymnasien) übergehenden Schüler führte zu Neugründungen.
4. Der Ausbau der Bildungsgänge im beruflichen Schulwesen bewirkte Abschlüsse mit höherer Qualifikation (Fachhochschulreife, Allgemeine Hochschulreife).

Wenn auch das Schulwesen in Ost diese Entwicklungen nicht voll widerspiegelt - es fehlt z.B. ein Gymnasium -, so ist der Wandel doch unverkennbar.

Über die Schulen in Ost, ihre Entwicklung und ihren Wandel dienen als wichtigste Quelle die erhaltenen Schulchroniken.
Die erste der beiden katholischen Oster Volksschulen wurde, wie schon erwähnt, 1901 bezogen. Das Gebäude stand - und steht noch - an der Liebfrauenstraße. Es wurde (achtklassig) errichtet, weil in den Jahren ab 1897 nicht nur auf dem Hinsberg, sondern auch an den anderen Stellen im Stadtteil Hillen der Bergmannswohnungsbau einsetzte und die Kinderzahl sehr stark anwuchs. 1905 wurde wegen der „reiche(n) Kinderzahl" bereits eine zweite katholische Volksschule am Graveloher Weg gebaut. „Der Schulneubau wurde im Mai 1904 in Angriff genommen. Die Erd- und Maurerarbeiten konnten soweit fortgesetzt werden, daß der Bau von 4 Klassen noch zu Herbst unter Dach kam. Am 1. Mai 1905 wurde die Schule mit 4 Klassen eröffnet." (Chronik Liebfrauenstr.). Doch auch die dann insgesamt zwölf Klassen der beiden Schulen reichten nicht lange aus für die Kinder in Ost, denn insbesondere durch das „Reichsbahn-Ausbesserungswerk" auf der Hillerheide (Maybachstraße), das 1909 seinen Betrieb aufnahm, kamen weitere Familien mit Kindern hierher. 1910 erhielt dann die Liebfrauenschule einen An- und Aufbau, so daß das zunächst nur 8klassige Gebäude auf 18 Klassen erweitert wurde. Man rechnete mit 1.200 Kindern statt der bis dahin vorhandenen 520. Die Kosten der Erweiterung betrugen 139.500 Mark. Der Chronist bemerkte dann zufrieden: „Das imposante, nunmehr fertiggestellte Schulgebäude ist eine Zierde für Recklinghausen-Ost".
Bereits vor dieser Erweiterung war auch die Schule am Graveloher Weg angebaut worden. Das dortige Schulgrundstück hatte 39.375 Mark gekostet und der Bau, den die Firma Isselstein ausführte, 56.000 Mark. Schon 1907 war eine Erweiterung um vier Klassen(räume) notwendig, so daß aus den 8 Klassen von 1901 etwa zehn Jahre später in Ost bereits 26 geworden waren.
Fast gleichzeitig mit der Erweiterung der Liebfrauenschule wurde auch die Jahnschule erbaut, um die wachsende Zahl der evangelischen Kinder unterzubringen, die bis dahin die evangelischen Schulen „Auf dem Graben" und „An der Hohenzollernstraße" in der Altstadt besuchen mußten. Ein zeitgenössischer Bericht einer Recklinghäuser Tageszeitung vom 30.7.1910 „Schulbauten in

Recklinghausen-Ost" lautet (Auszug): „Während bis zur völligen Fertigstellung der Erweiterungsarbeiten an der Liebfrauenstraße noch einige Monate vergehen werden, ist die neue evangelische Schule an der Jahnstraße bereits vollendet und bezugsfähig. Sie ... kann etwa 650 Schulkindern Aufnahme gewähren; von vornherein ist jedoch darauf Bedacht genommen, daß der Umfang des Gebäudes später verdoppelt werden kann, so daß dann 1200 - 1300 Kinder hier Aufnahme finden."

Zu diesem Anbau ist es aber wohl nie gekommen, obwohl überall in Ost die Kinderzahlen stiegen. Der Berichterstatter von 1910 beschreibt dann sehr genau das neue Gebäude an der Jahnstraße und preist am Schluß in fast lyrischen Worten die herrliche Aussicht, die bis „Gelsenkirchen, Buer, Resse und Scherlebeck" sowie „Castrop und Bochum" reiche. „Die Gesamtkosten für Platz, Schulgebäude und Schuldienerwohnhaus belaufen sich auf 150.000 Mk. Wenn man von der Loggia über die weiten Kornfelder nach dem freundlichen Bilde der Altstadt blickt, so kann man sich nur von Herzen freuen, daß unser glückliches Recklinghausen zu allen anderen Städten des Kohlenreviers noch so viel weites, freies Baugelände, so viel Licht, Luft und Ausdehnungsfreiheit, so herrliche und gesunde Lagen für ihre Schulbauten zur Verfügung hat." Damit ist es inzwischen längst vorbei; der Reporter fand es aber damals erwähnenswert.

Die 18klassige Liebfrauenschule war für etwa 1200 Kinder gedacht, die 9klassige Jahnschule für „etwa 650". Daraus kann man schließen, daß ganz selbstverständlich von Klassengrößen ausgegangen wurde, die bei etwa 70 Kindern im Durchschnitt lagen. So war auch jeder Klassenraum der 1910 erweiterten Liebfrauenschule für 72 Schüler geplant - er war 61,275 qm groß und 3,97 m hoch. Wegen des dann größeren Gebäudes wurde der Schulbezirk um ein Stück vergrößert, das bis dahin zur Graveloher Schule gehört hatte. 1913/14 heißt es in der Liebfrauenchronik, daß der Unterricht von 8 - 12 und von 2 - 4 Uhr dauerte, außer Mittwoch- und Samstagnachmittag. „Zum 1. April 1919 wurde der ungeteilte Unterricht eingeführt", er dauerte im Sommer von 8 - 13 und im Winter von 8 1/2 - 13 Uhr.

Wie in allen Schulchroniken wird auch hier alljährlich genau über die Lehrerstellen, die Kinderzahl und vieles andere berichtet.

1901 hatte die Liebfrauenschule mit 530 Kindern begonnen. Für die je vier Jungen- und Mädchenklassen standen je drei Lehrer und Lehrerinnen zur Verfügung. Hauptlehrer Schumacher wurde zum Schulleiter ernannt und vom Schulinspektor, dem Dechanten Hauschop, in sein Amt eingeführt (27. Juni 1901).
Nach allerlei Eintragungen über bedeutsame Stadtereignisse spiegeln die Notizen aus den Kriegsjahren 1914/18 die allgemeine nationale Begeisterung wider. Nach großen militärischen Siegen fand jeweils eine Feier statt, und es gab schulfrei. Dies galt wohl für alle Volksschüler, wie die Eintragungen in zahlreichen Chroniken zeigen. Die Schulen wurden auch stark in die Kriegswirtschaft eingespannt, z.B. durch das Sammeln von Altmetallen, Eicheln und Kastanien oder auch Geld für die Kriegsanleihen, mit denen die Kriegskosten bezahlt wurden. Von den eingezogenen Lehrern kehrten nicht alle zurück. Über das Kriegsende wird lakonisch berichtet: „Nach der Revolution am 9. Nov. kehrten unsere Truppen aus dem Weltkriege heim". Am 1. April 1921 hatte die Liebfrauenschule „zweimal acht aufsteigende Klassen" mit 820 Schülern, vier Jahre später nur noch „zweimal sechs" mit 518 Schülern. Im Jahre 1927 bestand das Lehrerkollegium aus „Rektor Röttgermann, Konrektor Steffens, Lehrer Schüller, Lehrer Mehring, Lehrer Horstkötter, Lehrer Knepper, Lehrerin Lackhoff, Lehrerin Bromen, Lehrerin Fuest, Lehrerin Becker und Lehrerin Gräve."
Rektor Röttgermann leitete die Schule von 1921 bis 1935, vorher war er schon 14 Jahre lang Rektor der Schule am Graveloher Weg gewesen. Ihm folgten die Rektoren Thiet, Muckenheim, Bendheuer (ab 1945), Stegemann, Spenner, Schiermeyer und Theile. Heute wird die Gemeinschaftsgrundschule von Annegret Skedzuhn geleitet.
Im Sommer 1943 wurden alle Volksschulen in Recklinghausen wegen der Luftangriffe geschlossen. Von 1939 führte die Schule den Namen „Widukindschule", erst nach dem Kriege 1945 erhielt sie ihren alten Namen wieder und wurde auch wieder katholische Volksschule.
Probleme äußerer Art gab es viele, z.B. 1951: „Der Mädchenspielplatz an der Südseite kann nicht benutzt werden. Während der Kriegszeit haben die Anwohner der umliegenden Häuser unter dem hochliegenden Platz zum Schutz gegen Bomben Stollen an-

gelegt. Diese sind mit der Zeit eingebrochen, so daß sich auf dem Schulhof mehrere Trichter gebildet haben. Für die Kinder besteht darum Einsturzgefahr." Die Trichter wurden aber bald zugeschüttet, und 1952-1957 wurde die Schule gründlich überholt. 1953 feierte sie (zwei Jahre zu spät) ihr „50jähriges Jubiläum" zusammen mit der Kirche, der sie sich stark verbunden fühlte.

Die Schule am Graveloher Weg wurde 1904/05 erbaut und mußte bereits 1907 erweitert werden. Bald war sie wieder zu klein: „Aber die neuen Blumenthalschächte und besonders später (1909) die Eisenbahnwerkstätte brachten eine so gewaltige Entwicklung mit sich, daß auch sie (die Schule) bald bei weitem nicht mehr ausreichte. Bei der Schule am Graveloher Weg mußten Schulbaracken - heute nennt man sie Pavillons - errichtet, zahlreiche Kinder mußten an der Schule an der Hohenzollernstraße untergebracht werden." Vom 17.-19. Februar 1908 wurde die Schule einer „Revision" durch den „Königlichen Kreisschulinspektor" unterzogen, wie dies überall bis heute durch die Schulaufsicht geschieht. Im Kopf des Berichtes steht „Schule Reckl.-Ost, Kolonie". Damals unterrichteten vier Lehrer und vier Lehrerinnen insgesamt 535 Schüler und Schülerinnen in 8 Klassen. Es waren die Damen und Herren Tigges, Prenger, Schnitzler, Scherbaum sowie Röttgermann, Sütfeld, Weißenfeld und Schumacher. Detailliert benotet wurden vom Kreisschulinspektor z.B. „Schulzucht, Schülerhefte, vorhandene Lernmittel der Schüler, Deutsch, Rechnen, Raumlehre, Erdkunde, Zeichnen, Gesang." Bei „Turnen und Jugendspiele" findet sich nur ein Strich im vorgedruckten Formular. Bei „Reinigung und Heizung" und „Schulgebäude und Lernmittel" vermerkte er kurz und knapp: „In Ordnung".

Einem anderen Bericht von 1913 kann man entnehmen, daß die Schülerzahl (1909 = 674) auf 423 abgesunken war. 1921 übernahm Rektor Röttgermann, wie schon erwähnt, die Leitung der Liebfrauenschule. Von seinem Nachfolger ist folgendes Schreiben vom 15.9.1928 erhalten:

„An die Schulverwaltung. Die Schule am Graveloherweg wird am Montag, den 17. d.M. von 10 Uhr ab, dem Circus Hagenbeck einen Besuch abstatten, um die zahlreichen Raubtiere, Vögel, Schlangen zu besichtigen. Küper, Rektor."

Nachfolger von Rektor Küper wurde Rektor Sütfeld. Zu seinem Leidwesen sank die Schülerzahl weiter. 1939 wurde die Schule, zusammen mit zwei anderen in Süd und Röllinghausen, geschlossen. Eine kleine, handschriftliche Aktennotiz, gezeichnet „R 24.7.40" gibt davon Zeugnis: „Die katholische Volksschule am Graveloherweg wurde durch die Einrichtung der „Deutschen Schule" am 1.4.1939 aufgehoben". 35 Jahre hatte das Schulgebäude seinen Zweck erfüllt - heute noch wird es als Wohnhaus genutzt!

Von der Erbauung der Jahnschule 1910 wurde schon berichtet. Nachrichten aus den nächsten 23 Jahren fehlen, da der erste Band der Schulchronik nicht mehr auffindbar ist. Der zweite Band beginnt mit der sogenannten „Machtübernahme" durch die Nazis 1933. Es ist schon bemerkenswert, wie begeistert der unbekannte Chronist auf 14 Seiten diese politische Veränderung begrüßt.

Der Schulbau war nötig geworden, da die evangelischen Schulen der Altstadt wegen der ständig steigenden Schülerzahlen zu klein wurden.

Ganz im Geist der damaligen Zeit war diese Eintragung von 1936: „Im Sommer erwarb die Schule erstmalig die Stadtmeisterschaft der Schulen im Handball u. eroberte damit das Banner der Stadt Recklinghausen. ...Im Herbst des Jahres schafften wir das Luftgewehr „Mars" mit Zubehör an. Die etwa 70,– RM wurden durch Ausschießen von Scheiben (5 Schuß = 10 Pfg.) u. Spenden aufgebracht."

Die Kriegsjahre 1939-45 brachten viel Ärger für die Schule mit sich; denn: „Als nach Ablauf des Polenfeldzuges der Aufmarsch der deutschen Wehrmacht im Westen seinen Anfang nahm, wurde auch das Gebäude der Jahnschule mit Truppen belegt und der Schulunterricht in die Schule an der Liebfrauenstraße verlegt."

Erst 1940 zogen die Soldaten ab, und das Gebäude wurde wieder frei. Es folgt dann eine bewegte Klage über die „Fliegerangriffe". Da durch sie die „Nachtruhe der Schulkinder" unterbrochen wurde, begann der Unterricht morgens erst um 9 Uhr. Am Tage blieb man 1940 und 1941 von Luftangriffen weitgehend verschont. Es war damals der besonderen Erwähnung wert, daß der Religionsunterricht voll erteilt wurde.

Am 17. September 1945 wurde die Jahnschule - wie alle anderen

Volksschulen seit 1943 geschlossen - „auf Anordnung der Militärregierung wieder als Konfessionsschule eröffnet: Der vorläufige Schulausschuß hatte beschlossen, die Volksschulen der Stadt wieder nach Konfessionen zu trennen." Aber das beschädigte Gebäude mußte erst instandgesetzt werden, und so zog die Jahnschule wieder einmal als Gast in die Liebfrauenschule. Zunächst fing der Unterricht nur für die ersten vier Jahrgänge an. Nach ein paar Wochen mußten dann auch die älteren Kinder wieder zur Schule. Ihr Lehrer wurde Hans Tiedt. Äußere Umstände erschwerten den Unterricht ebenso wie der Mangel an Lernmitteln, denn die alten Schulbücher durften vielfach nicht mehr benutzt werden. Auch der schlechte Gesundheitszustand der Kinder wirkte lange Zeit auf den Schulbetrieb ein.
„Viele Kinder kamen barfuß, andere in Schuhen von Erwachsenen oder mit mangelhafter Ersatzbekleidung." Eine Abstimmung über die Schulform, die vor Ostern 1946 stattfand, ging mit 174 : 50 Stimmen bei 108 Enthaltungen für die evangelische Konfessionsschule aus. Ende 1946 wurde nach Hermann Hausberg und Robert Goldmann (kommissarisch) der Lehrer Gustav Sewing neuer Schulleiter. In das alte Schulgebäude kam die Schule noch nicht, denn das Gebäude „an der Jahnstr. 32 war vom Flüchtlingsamt beschlagnahmt und diente als Flüchtlingsauffanglager." Die Spielwiese hinter dem Schulhaus war „an 28 Kleingärtner verpachtet", auf dem Schulhof lag lange ein Autowrack. Aus dem November 1946 wurde folgendes gemeldet: „Eine Erhebung unter den Schulkindern ergibt ..., daß 46,2 % wegen schlechter Fußbekleidung die Schule nicht besuchen können."
Die Berichte über die Not und das Elend der Zeit gehen weiter, denn die Schule wurde von alledem nicht verschont, zudem plagte sie der Lehrermangel. Erst im Sommer 1947 kann sie in ihr Gebäude an der Jahnstraße zurückkehren; danach berichtet der neue Schulleiter Sewing von langsamer, aber stetiger Besserung. Anfang 1948 hat die Schule 357 Schüler in 6 Klassen, 24 Mädchen und Jungen werden im März „aus der Schulpflicht entlassen". Im selben Jahr starb Friedrich Heuer, der von 1922 - 1935 Rektor der Jahnschule gewesen war. Im Januar 1949 zieht die „Hilfsschule I" mit in das Gebäude ein - heute ist sie wieder dort untergebracht, aber allein! Der einmal hinten geplante Anbau wurde nie ver-

wirklicht, aber der an der Südseite errichtete moderne Flügel verbindet sich gut mit dem Altbau, und die frühere „Hilfsschule I", jetzt „Sonderschule Altstadt", hat darin ausreichende Klassenräume und moderne Werkräume.

Die alte Jahnschule wurde bei der Neuordnung des Volksschulwesens 1968 in eine Hauptschule umgewandelt und fiel später dem Schülerrückgang zum Opfer. 1965 hatte sie noch eine Turnhalle erhalten.

Einzige Hauptschule für Ost ist heute die Canisiusschule auf dem Hinsberg. Sie wurde als katholische Volksschule 1965-67 erbaut, worüber der erste Rektor Franz Hollenhorst (bis 1981) ausführlich berichtete. Der Schulchronik liegen einige Zeitungsberichte bei: „OB Auge übergibt Canisiusschule" und „Mit 2,4 Millionen Mark großzügigen Schulkomplex gebaut" - so heißen einige der Überschriften. Am 3. Oktober 1967 fand die Übergabe statt. Die neue Schule hatte 463 Schüler in 12 Klassen, für die schon damals die 10 Klassenräume nicht ausreichten. Die Turnhalle wurde erst 1968 fertig. Schon in diesem Jahr (1968) erfolgte die Umwandlung der Schule in eine Gemeinschafts-Hauptschule, so wie es der Schulausschuß in seiner Sitzung am 18. März beschlossen hatte (Errichtung von 14 Hauptschulen in der Stadt Recklinghausen). Einige der neuen Lehrer wechselten zur Grundschule.

Für Ost gab es zunächst zwei Hauptschulen (Canisius- und Jahnstraße), von denen, wie berichtet, nur die erstere übrigblieb. Es gab auch zwei Grundschulen, die an der Esseler Straße und an der Liebfrauenstraße. Die alte evangelische Volksschule Essel an der Dortmunder Straße wurde geschlossen. Doch die Liebfrauenschule wuchs sehr rasch stark an, und Rektor Schiermeyer mühte sich vergebens, die Schülerschar mit Lehrern und Räumen zu versorgen. So wurden 1974 und 1977 die schönen neuen Grundschulen „Im Hinsberg" und an der Nordseestraße im Quellberg gebaut. Die Kosten dafür betrugen zusammen ca. 9 Millionen Mark. Sie hatten 1983/84 326 bzw. 185 Schüler.

Aber auch andere Schulneubauten entstanden in Ost. So wurde 1968 das große Gebäude für die Kaufmännischen Berufs- und Berufsfachschulen auf dem Kuniberg fertiggestellt. In der Festschrift von 1981 steht darüber: „Die äußere Entwicklung der Schule hatte ihren Kulminationspunkt und vorläufigen Abschluß erreicht.

In der inneren, der pädagogischen Entwicklung aber zeichneten sich schon zwei Jahre später neue Ziele mit neuen Aufgabenstellungen ab, das Modell der Kollegschule." Mit Kollegschule bezeichnet man einen Schulversuch, der allgemeines und berufliches Lernen in der Sekundarstufe II verbinden soll. Seit dem 1. 2. 1978 ist die Schule „Kollegschule Kuniberg" mit den Schwerpunkten „Wirtschaftswissenschaften" und „Recht und Verwaltung". Ihr Schulgebäude ist das größte in Recklinghausen.
Nicht weit davon entfernt steht, ebenfalls auf dem Kuniberg, die Realschule III. Sie begann ihren Unterricht im Sommer 1968 in der jetzigen Kollegschule; erst 1970 und 1974 wurde ihr Schulgebäude fertig. Die Kosten dafür, einschließlich Aula und Turnhalle, betrugen 6 Millionen Mark. 1975/76 erreichte sie mit 455 ihre höchste Schülerzahl. Heute besuchen über 400 Jungen und Mädchen die Schule. Sie werden von 23 Lehrkräften unterrichtet. Schulpartnerschaften unterhält die Schule mit Chatou in Frankreich und Leigh in Großbritannien seit 1978/79 bzw. 1982/83.
Zur Justizakademie s. S. 144.

Mein Schulweg (1939 bis 1943)

Ich erinnere mich eigentlich nur an solche Tage, an denen morgens, wenn ich zur Schule ging, die Sonne schien. Mein Geburtshaus war das Haus Hammer Straße 4, in dem meine Eltern zeit ihres Lebens gewohnt haben, über 50 Jahre lang. Die Hammer Straße hatte damals keinen Asphaltbelag, sondern war mit Schotter befestigt. Wir Jungen schlugen oft mit dem Schuhabsatz Steine heraus, um uns damit zu bewerfen. Die Straße und das ganze Viertel bei Wüller gehörten zum „Ost-Bahnhof". Daneben gab es noch „Ost-Kirche" und „Kreta", das Bergarbeiterviertel oben an der Dortmunder Straße. Diese – auch soziologisch deutlich geschiedenen – Teile des Stadtteils Ost hatten nach meiner Kenntnis wenig Kontakt und waren auch ‚geographisch' deutlich voneinander getrennt.
Die Hammer Straße mündete damals noch geradeaus in die Castroper Straße, direkt am Hause Wüller vorbei. An der Außenwand stand in großen Buchstaben „Restauration Edmund Wildhagen", das war der Vater von Frau Wüller, dem damals die Gast-

stätte noch gehörte. Das große Haus hatte schön geschwungene Balkone, und der Eingang zur Gaststätte lag damals genau auf der Hausecke. Etwa vor dem jetzigen Eingang stand am Straßenrand eine Benzin-Zapfsäule. Man mußte in der Gaststätte Bescheid sagen, um Benzin kaufen zu können.
Wenn man ins Lokal ging, hatte man links den Großen Saal (heute Tenne) und geradeaus die Gaststube, in der die Theke ganz anders stand als heute. Der Hotelanbau fehlte noch. War man an Wüller vorbei, ging es über die große dreieckige Insel, auf der der heute noch vorhandene große Baum stand, in Richtung auf Sandkühlers Hof. Am Straßenrand verlief das Straßenbahngleis, und direkt daneben war der Straßengraben. Man konnte auch auf der anderen Seite bleiben und kam dann an der nassen Wiese vorbei, zwischen Peuckmanns Haus und dem roten Backsteinhaus in der Kurve gegenüber der Bauunternehmung Kruse, wo jetzt das Haus 178/180 steht. In dieser Wiese haben meine Geschwister und ich immer den Blumenstrauß zum Muttertag gepflückt – Butterblumen vor allem.
Weiter ging es dann an der Bäckerei Hauwe, dem Schuster Gartmann und dem Friseur Klippel vorbei. Kurz dahinter zweigte links der Beckbruchweg ab, der damals noch bis zur Herner Straße verlief und über das Gelände der Zeche Blumenthal führte. Im Hinterhof an der Ecke gab es – in einer alten Mühle – einen Eier-, Butter- und Käsehandel (Heinrich Schneider). Die Brücke ist erst später zugeschüttet worden, und vom Beckbruchweg ist nur ein kleines Stück am anderen Ende geblieben, das neben „Blumenthal" in die Herner Straße mündet.
Rechts bog die Straße Hillen ab. Meist ging ich aber die Castroper Straße entlang. Gegenüber – im Winkel zwischen Castroper Straße und Hillen – lag Quinkensteins Hof. Dahinter (in Hillen) kam noch ein anderer Hof, von dem mir eigentlich nur erinnerlich ist, daß dort auch der Milchbauer Gremme war. Von der Castroper Straße her blickte man sozusagen auf die Rückseite und hatte dabei auch die daneben liegenden Zechenhäuser im Blick. Auf der anderen Seite der Straße, zur Bahn hin, lag eine große Wiese, aber etwa 1 1/2 bis 2 Meter unter Straßenniveau. Am Fuße der Böschung stand ein Stacheldrahtzaun, und wir haben auf dem Rückweg von der Schule oft viel Zeit damit verklüngelt, über den Zaun

in die Wiese zu springen, möglichst ohne mit der Hose am Stacheldraht hängen zu bleiben. Da die Wiese so tief lag, war sie ziemlich naß, aber Sauerampfer und anderes eßbares Zeug wuchs dort reichlich, sehr zu unserem Vergnügen. In den kleinen, nur wenig schmutziges Wasser führenden Bach stampften wir im Winter gern hinein, wenn wir Pfade in den hüfthohen Schnee trampelten. Wenn man in dem kleinen Bachbett stand, reichte uns Kindern der Schnee bis an die Brust.
Die Castroper Straße hatte an dieser Stelle ziemliches Gefälle, und bei Regen lief das Wasser sehr eilig in den Straßenbahnschienen ab. Alles was schwimmen konnte, ließen wir als ‚Schiffchen' mitschwimmen.
Versteckt an der Wiesenböschung liegend, warteten wir beim Rückweg auch auf Klassenkameraden, die wir verhauen wollten. Weiter ging es dann auf die Kreuzung der Hubertusstraße und der Reinersstraße mit der Castroper Straße zu. Links stand im Kreuzungswinkel ein altes Fachwerkhaus, ein ganzes Stück tiefer als die Straße, was immer ein Zeichen dafür ist, daß das Haus lange vor dem Ausbau – und das hieß meist: der Aufschüttung – der Straße dort gestanden hat. Das Haus steht noch heute dort, eines der letzten Erkennungszeichen. Weiter zurück lag später die Kartoffelhandlung Pastoors, und etwas vorher kam man an einem großen drei- oder vierstöckigen Haus vorbei. Rechts hinter der Kreuzung, wo jetzt die Tankstelle Wienhöfer ist, grünte eine Wiese, in der sich stets eine Menge Schweine tummelten. Sie standen oft hinter dem Zaun und starrten uns an, wahrscheinlich genauso wie wir auch sie. Diese Wiese lag auch tiefer als die Straße, die überhaupt auf diesem ganzen Stück deutlich als Anschüttung erkennbar war. Heute, wo alles auf beiden Seiten angeschüttet und bebaut ist, sieht man das nicht mehr so. Dahinter kam dann auf der rechten Seite Ennings Stall und Remise, und gleich dahinter begann die Wohnbebauung, die dann bis Hillen ohne Baulücke weiterging. Auf der anderen Seite – bis zur Straße ‚Sieben Quellen' hin – waren nur Wiesen. Von der Castroper Straße, die früher mal Kronprinzenstraße hieß, wie ich heute weiß, konnte man bis zur Straße Sieben Quellen und der Bahnlinie sehen. Was man dort auch noch sah, war ein altes Fachwerkhaus mit einer wackeligen Scheune daneben.

Mit Sieben Quellen und der Hubertusstraße verbindet mich noch eine besondere Erinnerung. Am Bahnübergang stand damals noch ein Bahnwärterhäuschen. Der Bahnwärter war dazu da, die Schranken zu bedienen, wenn ein Zug kam. Mein Vater mußte dort im Rahmen seiner Ausbildung ein paar Wochen Dienst tun, und ich erinnere mich an meine häufigen, aber stets vergeblichen Versuche, die Schrankenkurbel zu drehen, wenn der Zug vorbei war. Wenn die Kurbel oben stand, war sie über meinem Kopf, und für einen so kleinen Knirps wie mich war die Schranke einfach zu schwer.
Wo heute etwa das Haus Castroper Straße 66 steht, floß früher ein kleiner Bach, der von Hillen her unter die Straße in Richtung Sieben Quellen führte. Das heißt, so klein war er für uns Kinder nicht, wir konnten mit aller Kraft gerade hinüberspringen, manchmal gelang das auch nicht. Ein großer Baum stand dort, eine Pappel. Der kleine Bach kam vom Hause Hillen 3 her, dessen Keller an der Straßenseite offen war. Wenn man hinunterging, sah man eine Art gemauertes Wasserbecken mit zwei oder drei Brettern darüber, wohl für Frauen, die dort ihre Wäsche wuschen. Für uns Leichtgewichte waren sie zu etwas anderem gut: sie federten hervorragend, wenn man darauf herumsprang. Sieger war, wessen Brett zuerst auf das Wasser klatschte. Bis zur Schule an der Liebfrauenstraße – sie hieß damals (1939–45) ‚Widukindschule' und war eine Gemeinschaftsschule – gab es nichts Aufregendes mehr, sieht man einmal vom Schreibwarengeschäft Erlemann an der Ecke ab. Der Schulhof war damals noch unbefestigt und mit fester Asche bedeckt, was uns aber nicht daran hinderte, Hahnen- oder Reiterkampf in den Pausen zu spielen. Beim Hahnenkampf mußte man versuchen, mit verschränkten Armen, auf einem Bein hüpfend, den oder die Gegner umzustoßen, beim Reiterkampf (der Reiter saß auf dem Rücken oder auf den Schultern des ‚Pferdes') versuchte man, die Mitschüler umzureißen. Wer auf den Ascheboden fiel, tat sich oft eklig weh. Die Erinnerungen an meine Volksschulzeit (1939–43, dann kam ich auf die Oberrealschule) sind nicht sehr zahlreich, aber ich weiß noch, daß auf dem vorderen Hof zur Liebfrauenstraße hin in den Pausen nur Jungen spielten. Sportunterricht hatten wir nie, – nach meiner Erinnerung jedenfalls – und meine Klassenlehrerin Frl. Bromen, eine

große kräftige Frau, wirkte mit ihrem stets dunklen und knöchellangen Gewand auch nicht gerade sportlich. Aber Kraft hatte sie – jedenfalls, wenn sie uns den Rohrstock über die Finger zog!
Meistens ging ich auch wieder die Castroper Straße entlang nach Hause, aber manchmal ging ich auch durch Hillen. Der bäuerliche Charakter dieser Straße war noch sehr ausgeprägt, und die zwei oder drei Zechenhäuser, die da wohl standen, wo jetzt die Häuser Hillen 70 und 72 sind, wirkten eher störend. Ich kannte als Kind eigentlich nur Leute, die bei der Eisenbahn oder der Straßenbahn arbeiteten, sowohl Bergleute als auch Bauern waren mir damals persönlich nicht vertraut.
Kurz vor Knüwers Hof führte an der Straße Hillen – wenn man von der Schule kam, auf der linken Seite – eine Holztreppe in einen offenen gemauerten Schacht, auf dessen Boden Wasser stand. Genau weiß ich es nicht mehr, aber das Holzgestell knapp über der Wasseroberfläche diente wohl dazu, Milchkannen daran aufzuhängen, um die Milch im Wasser zu kühlen.
Darüber hinaus ist mir nur noch eines in Erinnerung: Am Fenster des Fachwerkhauses an der Ecke Hillen/Reinersstraße saß immer eine alte Frau, die Bonbons verkaufte. Ich denke noch oft an sie, aber ein Bonbon habe ich nie gekauft, denn Geld war etwas, das ich in meinen ersten zehn Lebensjahren nicht kannte – andere Kinder in meiner Nachbarschaft aber wohl auch nicht.
Mein Schulweg war nur etwa 1,2 km lang, aber er führte mich nach meiner Vorstellung weit aus meinem unmittelbaren Erfahrungsbereich hinaus, der nur einen Radius von weniger als 300 Metern hatte. Dabei blieb ich durchaus im Stadtteil, aber es zeigt, wie kleinräumig doch der unmittelbare Erfahrungsbereich eines Kindes damals war. Erst nach dem Kriege, ich war schon über 12 Jahre alt, lernte ich ein wenig mehr von Recklinghausen kennen – vorher hätte ich vom Loh nicht einmal allein den Heimweg gefunden!

Kulturelles Leben

Von Kurt Siekmann

„Um von der Altstadt in den Stadtteil Ost zu gelangen, passieren wir in der Nähe des Hauptbahnhofes links die Unterführung der Eisenbahn Wanne–Münster (das Kunibertitor). Hinter der Unterführung befinden wir uns auf der Horneburger Straße, direkt vor einem mit Türmen gekrönten Gebäude, das vorher schon durch seine kühnen Formen unsere Aufmerksamkeit erregt hat. Es ist die sogenannte Villa Franka, ein Restaurant mit großem Saalbau."

Mit diesen Hinweisen lenkt der 1912 vom Verein „Wanderlust Recklinghausen" herausgegebene Wanderführer „Durch und um Recklinghausen" unser Interesse auf ein Gebäude in Ost, das jahrzehntelang ein kulturelles Zentrum dieses Stadtteils und darüber hinaus bildete. Das Gebäude steht noch, wenngleich mehrfach umgebaut und verändert. Der markante viereckige Turm ist ebenso verschwunden wie die dekorative Gliederung des erhalten gebliebenen Rundturms mit dem typischen Kegeldach und die reiche Giebelzier. Statt dessen leuchtet dem heutigen Betrachter ein knalliges Rot und Ocker von tristem Putz entgegen. Und die Horneburger heißt jetzt Dortmunder Straße.

Das einstige kulturelle Renommée des Hauses ist auf ein Kino reduziert: das „Capitol", bis 1963 die „Schauburg". Die „Filmthek" in der ehemaligen Burgschänke (heute Burghof), der Sex-Shop gleich daneben und das Keglerheim, die „Tausend-Stufen-Bar", im amputierten Viereck-Turm haben der Villa Franka ein frivoles Image eingebracht.

Daran hat der Bierbrauer Anton Brune freilich nicht gedacht, als er am 15. Juli 1857 vom Domänenrat Landschütz auf dem Kuniberg ein Gartengrundstück erwarb und darauf am 10. Juni 1859 die „Bayerische Bierbrauerei mit Felsenkeller" eröffnete. Einen Tag später empfahl er sich im „Recklinghäuser Wochenblatt" mit den Worten: „Meinen geehrten Gönnern die ergebene Anzeige, daß ich unter dem heutigen Datum (10. Juni) die Schenkwirtschaft begonnen habe."

So fingen Brunes Burghofbetriebe an. Der Name „Villa Franka" resultiert aus einem politischen Ereignis. Der am 11. Juli 1859 im italienischen Villafranca geschlossene Friede, der den Krieg Frankreichs und Sardiniens gegen Österreich beendete, war sowohl in Italien als auch in Deutschland als großer Schritt zum eigenen Nationalstaat bejubelt worden. So trafen sich gleich nach dem Friedensschluß im Saal Brune Recklinghäuser Patrioten. Sie forderten die Einheit Deutschlands und formulierten ein Danktelegramm an Napoleon III., in dem sie den Kaiser der Franzogen (1870/71 war noch weit) als großen Friedensstifter feierten. Außerdem verlangten sie, daß Brunes Restaurant fortan „Villa Franka" heißen solle.

Mit dieser Firmierung inserierte der neue Wirt J. Schaepers im Recklinghäuser Adreßbuch von 1896: „Bringe meine Lokalitäten, verbunden mit großer neuer Theater-Bühne und schönen Garten-Anlagen in Erinnerung. Ferner empfehle ff. Biere und durchaus reine Weine." Daß derselbe J. Schaepers in dieser Anzeige auch eine „Uhren- & Goldwarenhandlung Villa Franka" anpreist, nimmt man heute erstaunt zur Kenntnis.

Wichtig ist jedoch der Hinweis auf die Theater-Bühne. Zwanzig Jahre vor Veröffentlichung dieses Inserats war im Burghof „Villa Franka" Recklinghausens größter Saal entstanden. Hier fanden bis nach dem Ersten Weltkrieg alle repräsentativen Veranstaltungen in Recklinghausen statt, u.a. Turner- und Kriegerfeste, Karneval und Bälle, Konzerte, Versammlungen und Sängerfeste.

Auch heftige politische Diskussionen wurden ausgetragen. In besonderer Erinnerung geblieben ist die 1879 veranstaltete Protestkundgebung gegen die Bismarckschen Kulturgesetze. Der damalige Kanzler des Deutschen Kaiserreiches, Otto von Bismarck, hatte mit den sogenannten Maigesetzen von 1873, 1874 und 1875 die katholische Kirche unter die kulturelle Staatsautorität zwingen wollen, indem er u.a. von allen Priestern ein kulturelles Staatsexamen forderte. 1881 wurden die Maigesetze, die den heftigen „Kulturkampf" entfacht hatten, aufgehoben.

Mit Datum vom 23. März 1899 erhielt die Stadtverwaltung Recklinghausen Baupläne zum Umbau des Burghofes, die im September 1901 verwirklicht waren.

Um diese Zeit hatte sich die „Villa Franka" als Recklinghäuser Theaterbetrieb einen Namen gemacht. Recklinghausen war eine theaterfreudige Stadt, vornehmlich im Laientheater, das zahlreiche Vereine pflegten. Das professionelle Theater wurde erst heimisch, als in der „Villa Franka" Ende des vorigen Jahrhunderts die Essener Theatergesellschaft, in den Jahren 1903 bis 1913 die Direktion Genesius ständig gastierten.

Das erste eigene Theater erhielt Recklinghausen mit dem 1918 von Franz Schatter an der Breiten Straße eröffneten Odeon-Theater, dem heutigen „studio 63"-Kino (studio 1 und 2).

Im selben Jahr kamen erneut Handwerker in den Burghof. In den großen Saal, der 1912 in dem anfangs zitierten Wanderführer als „Sehenswürdigkeit Recklinghausens" gelobt wird, zog eine neue Muse ein: die Lichtspielkunst. Der Saal, früher als Konzertcafé, Theater, Ballsaal und vielseitige Versammlungsstätte genutzt, verwandelte sich in das später weithin bekannte Schauburg-Kino mit 750 Plätzen.

Im olympischen Jahr 1936 eröffneten die Schauburg- und Burghof-Herren Krollpfeifer und Heukeshoven das Casino-Nachtlokal, das zahlreiche Prominente anlockte: u.a. Henny Porten, Sybille Schmitz, Heinrich George, Zarah Leander, Harry Piel, Paul Richter und - nach dem Krieg - Mathias Wieman, Bruce Low, wie das Gästebuch ausweist.

Als 1959 Kurt Warmbold die damals 100jährigen Burghofbetriebe übernahm, waren Bombenschäden und Beschlagnahmen, auch der Luftschutzkeller in Anton Brunes altem Felsenkeller, längst vergessen. Das Kino, vom Fernsehen kaum beeinträchtigt, hatte noch seine Star-Zeit. Publikumslieblinge wie Horst Buchholz, Eddie Constantine und Willy Millowitsch ließen sich von den Recklinghäusern auf der Bühne oder im Foyer bewundern. Nach 25jähriger Kinoarbeit verlor der nunmehr 66jährige Warmbold die Lust an der Leinwand und verpachtete das „Capitol" an den Essener Kinounternehmer Priebe. Der neue Pächter hatte am 3. August 1984 mit dem amerikanischen Superfilm „Indiana Jones" Premiere. Clou seines umgebauten 360-Plätze-Lichtspielhauses: die „größte Leinwand im nördlichen Ruhrgebiet" (Priebe), Bar und Servicetische statt Stuhlreihen, somit „das größte Service-Kino in Nordrhein-Westfalen" (Eigenwerbung).

Außen und innen völlig verändert: „Villa Franka" heute

Ruhrfestspiele in Ost: Szene aus „Der Weltuntergang" von Jura Soyfer im ehemaligen Straßenbahndepot, 1984

Einst kulturelles Zentrum in Ost: „Villa Franka" auf einer Ansichtskarte um 1910

Vor dem alten Spritzenhaus: Löschzug Recklinghausen-Ost/Hillen im Gründungsjahr 1909

Oster Bürger in geselliger Runde: Schützenfest auf Sanders Wiesen, 1967, Am Tisch 2. v. l. Pfarrer Theodor Tensundern

Das Kino hat das Theater in Ost nicht verbannt. Gut 70 Jahre nach der ersten Theatervorstellung in der Villa Franka fanden die Jünger des Thespiskarrens in diesem Stadtteil eine erneute Bleibe: in der Aula der 1968 fertiggestellten Kaufmännischen Berufsschulen, der heutigen Kollegschule Kuniberg. Das städtische Kulturamt bietet seit der Saison 1971/72 in der Aula Kuniberg sogenanntes Studio- und Kleines Theater an: moderne Stücke mit kleiner, oft prominenter Besetzung. Der 400 Plätze fassende Raum vermittelt intime Theateratmosphäre und einen engeren Kontakt zwischen Bühne und Publikum als das Festspielhaus. In den letzten Jahren haben auch die beiden plattdeutschen Laientheater Recklinghausens, die traditionelle Plattdeutsche Bühne und die Spielschar, in der Kuniberg-Aula große Erfolge gefeiert. Seit 1983 sind in Ost auch die Ruhrfestspiele, 1947 im benachbarten Suderwich ins Leben gerufen, beheimatet: im ehemaligen Straßenbahndepot an der Castroper Straße, unweit der Villa Franka. „Theater im Depot" nennt sich diese Dependance der Ruhrfestspiele, das Werkstattheater dieses einzigartigen, international renommierten, von der Stadt Recklinghausen und dem Deutschen Gewerkschaftsbund getragenen Kulturunternehmens in der Bundesrepublik.

Unter dem Depotdach entstand auf einer Fläche von 8.000 Quadratmeter die größte Attraktion von Ost und ganz Recklinghausen: ein riesiges Freizeitzentrum mit Rollschuh- und Eislaufbahn, Kegelcenter, Action-Disco, Sport- und Fitnesszentrum, Restaurant u.a.m. Es wurde am 4. Oktober 1984 eröffnet (s. a. S. 159).

Bei solchen Dimensionen gerät der einst so bekannte Oster Saalbau der katholischen Liebfrauengemeinde, der sich in den zwanziger Jahren aus einem bescheidenen Pfarrheim zu einer attraktiven Kulturstätte gemausert hatte, vollends in Vergessenheit. Hier trafen sich gern die Oster Vereine und Gruppen zu fröhlichen und besinnlichen Stunden. Regelmäßiger Veranstalter in diesem Hause ist auch die Kirchengemeinde selbst, die darüber hinaus mit Geistlichen Konzerten und Darbietungen des eigenen Kirchenchores das kulturelle Leben in Ost bereichert.

Die Vereine im Stadtteil

Die Schützen

Von Willi Sanders

Nach Dokumenten im Stadtarchiv Recklinghausen ist die erste Schützengilde in Recklinghausen im Jahre 1387 urkundlich erwähnt. Es handelt sich in der heutigen Form um die Alte Bürgerschützengilde von 1387 e.V., Recklinghausen. Über Jahrhunderte gehörten auch Bürger aus dem Ortsteil Ost/Hillen dieser Traditionsgilde als Mitglieder an.
Bei der Wiedergründung der Alten Bürgerschützengilde von 1387 e.V. nach dem Kriege, im Jahre 1951, wurde der Wunsch laut, eine eigene Kompanie für den Ortsteil Recklinghausen-Ost zu bilden. Sie wurde als 5. Kompanie der Alten Gilde zugeordnet. Zu den Mitbegründern der 5. Kompanie gehörten im April 1951 folgende Bürger aus Ost: Wilhelm Steinfeld, Wilhelm König, Heinrich Reußing und Otto Klatt. Zu den Männern der ersten Stunde zählen Heinrich Fimpeler, Adolf Pantförder, Hermann Herrenpoth, Franz Enning, Josef Sanders und Ludwig Klaus, um nur einige Namen zu nennen.
Der erste Kompanie-Chef der 5. Kompanie war Wilh. Steinfeld. Danach führten in der Reihenfolge die 5. Kompanie Hugo Kübber, Willy Ridder und Alfons Krabbe. Zur Zeit wird die 5. Kompanie von Wilhelm Sanders geführt.
Als Höhepunkte im bisherigen Schützenwesen der Alten Gilde nach dem Kriege sollen an dieser Stelle das 101. Schützenfest und die 580-Jahr-Feier vom 2. bis 4. September 1967 auf der Sandersschen Wiese an der Castroper Straße genannt werden.
Die zuständigen Gremien der Alten Gilde faßten nach langen Überlegungen über einen geeigneten Standort des Festzeltes den Beschluß, das 101. Schützenfest in Ost zu veranstalten. Es bot sich dank des Entgegenkommens des Eigentümers die große Wiese des Bauern Josef Sanders an der Castroper Straße (heute Dordrechtring und Arbeitsamtgrundstück) an. Zur besonderen Freude der Oster und Hillener Schützen lief ein Schützenfest ab,

das heute noch in guter Erinnerung ist. Waren es nicht nur die Bürger der Stadt, sondern auch die Oster Bürger, die „ihr Schützenfest" feierten. Im Schatten der Liebfrauenkirche fand das große Zeltfest seinen Höhepunkt mit dem Königsschießen. Nach zähem Ringen hieß das Königspaar Günter Straßmann und Helga Sternemann.
Dieses große Zeltfest war eine Werbung für das Schützenwesen. Darüber freuten sich insbesondere die Schützen der 5. Kompanie aus Recklinghausen-Ost.

Die SG DJK RW Hillen 1921/49 e.V.

Von Klaus Rosenkranz

Der Verein entstand 1975 aus dem Zusammenschluß des Vereins DJK Hillen und dem Verein Rot-Weiß Hillen.
Der Reichsverband „Deutsche Jugendkraft" (DJK) wurde am 18. September 1920 in Würzburg von dem Prälaten Carl Mosterts gegründet. Nachdem auch in Hillen schon längere Zeit in dem sogenannten „Kath. Jünglings-Verein Recklinghausen-Ost" unter großen Schwierigkeiten Fußball gespielt und andere Sportarten betrieben wurden, entstand 1921 der Name „DJK-Spielverein Hillen". Mit zwei Fußball-Mannschaften begann innerhalb der DJK der Spielbetrieb.
Das Jahr 1923 führte wegen Inflation und Ruhrbesetzung zu einem sportlichen Tiefpunkt. Die Beschaffung von Geräten, Trikots und Bällen war fast unmöglich geworden. 1924 konnte der regelmäßige Spielbetrieb wieder aufgenommen werden. Durch Eigenhilfe wurde die abgebrochene Fischdicksche Ziegelei auf dem Quellberg als Sportplatz hergerichtet, nachdem zuvor auf dem Bruchweg und in der Hillerheide gespielt worden war. In den zwanziger Jahren wurde in Hillen auch das Handballspiel immer beliebter. In der Hochblütezeit vor 1933 spielten fünf Handball-Mannschaften. Hier die Personen, die sich mit Aufopferung der Jugend annahmen: Kaplan Borghoff, Kaplan Drees, Josef Peeters sen., Karl Reißing sen. und Alfons Fimpeler sen.
Die Eigenständigkeit der DJK wurde seit 1933 stark eingeschränkt. Als erste Maßnahme kam die Auflage, die Meisterschaftsspiele nicht mehr im Rahmen der DJK, sondern im Verband des WSV und des Deutschen Turnerbundes auszutragen. Wehrsport war Pflicht. 1934 lösten die Nazis die DJK auf.
Nach dem 2. Weltkrieg kam 1946 die Wiedergründung. Den ersten Vorstand bildeten Theo Berger, Albert Skiba, Hans Blank und Hugo Berger. Seit Gründung der DJK in Deutschland arbeiteten bereits zu Beginn zwei Verbände getrennt: Der Hauptverband und der Verband Rhein-Weser. Durch die unterschiedli-

chen Auffassungen und die Ungunst der Zeit erlag vorübergehend der Spielbetrieb der DJK Hillen.
Nach Auflösung des DJK-Spielvereins Hillen wurde am 4. Mai 1949 der FC ROT-WEISS Hillen gegründet. Als Mitarbeiter im Vorstand stellten sich zur Verfügung: Albert Koch, Johannes Blank, Willi Weyers, Franz-J. Burrichter, Ernst Wüller sen., Heinz Weskamp, Johannes Nöll, Leo Tietze, Adolf Pantförder, Heinz und Kurt Blum. Am 27. Juli 1949 wurde der Spielbetrieb im Westdeutschen Fußballverband aufgenommen. 1951 folgte die Gründung der Jugendabteilung. Die Damenturnriege und die Alt-Herren kamen 1966 hinzu. 1974 hatte der Verein zwei Senioren-, fünf Jugend-Mannschaften, eine Frauen- und eine Alt-Herren-Mannschaft, außerdem zwei Damenturnriegen und eine Kinderturnabteilung. Die Geschicke des Vereins leiteten Günter Lindner, Helmut Schött, Willi Gruben, Kurt Güntzel, Artur Goller, Helmut Schmülling, Heinz-Werner Reißing, Hedi und Günter Alff, Gisela Madry, Herbert Böhlke, Peter Kadura und Hilde Pohlmann.
Im Juli 1954 kam es zur Wiederaufnahme des Spielbetriebes innerhalb des DJK-Verbandes. 1956 mit diesem Vorstand: Kaplan Polzin, Josef Bille, Heinrich Hesse, Hugo Berger, Liborius Vogt, Hans Hütten und Hans Welt. Da die Eigenständigkeit der DJK aufgegeben war, wurde der Spielbetrieb im Sommer 1968 im Westdeutschen Fußballverband aufgenommen. 1974 verfügte der Verein über drei Senioren-Mannschaften, sechs Jugendmannschaften, eine Alt-Herren-Abteilung und eine Frauenturnriege. Vorstand waren Hans Görtz, Hubert Reckenfelderbäumer sen., Jürgen Wachtel, Josef Melchers, Norbert Sandkühler, Manfred Henning, Heinz Staubermann, Klaus Rosenkranz, Georg Schill, Heinz Hackmann, Hans-Egon Wember und Hubert Rekkenfelderbäumer jun..

Der Zusammenschluß zur Sportgemeinschaft Hillen

Nach langen Vorgesprächen beider Vorstände und vorherigen Abstimmungen wurden beide Vereine 1975 zusammengeführt, nachdem sie Jahre vorher bereits gut zusammengearbeitet hatten.

Die nationalen und internationalen Begegnungen, die beide Vereine vorher gepflegt hatten, wurden mit Vereinen aus den Zonenrandgebieten Sorga, Aubach, Niederaula sowie den Partnerstädten der Stadt Recklinghausen, Dordrecht, Preston und Douai, fortgesetzt. Seit 1978 ist die SG Veranstalter des Ruhrfestspielpokals.

Seit der Fusion steigt die Mitgliederzahl stetig an. Zur Zeit nehmen 22 Mannschaften am Spielbetrieb teil. Den größten Teil stellt die Jugendabteilung mit 13 Mannschaften. Betreut werden 273 Jugendfußballer. Somit ist der SG die größte Jugendabteilung im Kreis Recklinghausen. Betreut werden diese jungen Fußballer von 33 Mitarbeitern, die den Jugendlichen sachgerechten Sport ermöglichen.

Die Senioren-Fußballabteilung ist mit vier Mannschaften vertreten, die mit dem Aushängeschild des Vereins, der 1. Mannschaft, in der Kreisklasse A-Ost spielt. Ferner nehmen drei Alt-Herren-Mannschaften am Spielbetrieb teil. Die Damen-Fußballabteilung unterhält zur Zeit eine Damen- und eine Schülermannschaft. Die Damen-Mannschaft spielt in der Bezirksliga mit großem Erfolg. Aus eigenen Reihen stehen 15 Schiedsrichter zur Verfügung.

Jüngste Sportabteilung des Vereins, die Tischtennisabteilung, umfaßt zwei Senioren- und zwei Jugendmannschaften. Drei davon sind 1983 aufgestiegen.

Neben den genannten Sportgruppen widmet sich die SG Hillen in besonderem Maße dem Breitensport. Zusammen sind vier Frauengymnastikgruppen, Turnen für Paare (Er und Sie-Gruppe), Turnen für die ganze Familie (Jedermanngruppe) sowie zwei Kinderturngruppen. Insgesamt trimmen sich etwa 730 Sportfreunde als Mitglieder in der SG Hillen.

Die SG Hillen wird heute von folgenden Vorstandsmitgliedern geführt: Viktor Gondorf, Heinz Beek, Clemens Miara, Herbert Stemmer und Heinz Hackmann.

Der Verkehrs- und Verschönerungsverein

Von Willi Stranghöner

Der Verkehrs- und Verschönerungsverein Ost/Hillen hat eine lange Tradition. Er wurde in den zwanziger Jahren – um etwa 1924 – begründet. Ein genaues Datum läßt sich nicht mehr feststellen, da die alten Materialien aus den Gründertagen bei einem Bombenangriff im Zweiten Weltkrieg verlorengingen. Aus der Überlieferung ist aber bekannt, daß der Verein sich die Aufgabe gestellt hatte, sich „um die Hebung des Verkehrs und die Verschönerung des Ortsteiles zu kümmern". Vorsitzender war seinerzeit Schmiedemeister Bernhard Enning.

Der Tag der Wiederbegründung des Vereins fällt nach vorliegenden Protokollen auf den 25. März 1949. Ingenieur Wilhelm Steinfeld wurde Vorsitzender. Zunächst kümmerte sich der Verein intensiv um den Wiederaufbau der zerstörten Straßen und Plätze in seinem Ortsteil. Eine der „Großtaten" bestand in der Errichtung der Strom- und Abwässerversorgung sowie der Beleuchtung des Ortsteiles.

Im Laufe der Nachkriegsjahre hat sich der Aufgabenbereich des Vereins naturgemäß gewandelt. In erster Linie kümmert er sich in der jetzigen Zeit um die Förderung der Schönheit des Ortsbildes. Aber auch in Fragen der Verkehrslenkung und -beruhigung vertritt er nach wie vor die Bürgerinteressen.

Ebenso übernahm der Verein die Aufgaben des ehemaligen „Vereines zur Erhaltung alter Sitten und Gebräuche". So organisiert er das Abbrennen des Osterfeuers und das Aufstellen der Weihnachtsbeleuchtung an der Castroper Straße. Auch plattdeutsche Abende werden veranstaltet. Dem Verein gehören derzeit rund 130 Mitglieder an. 1. Vorsitzender ist Joseph Rosenkranz.

Von der Bauernschaftswehr zur Freiwilligen Feuerwehr

Von Theodor Peters

Hillen und Ost. Zwei Namen, doch ein Begriff. Hilinon, so der alte Name aus dem 11. Jahrhundert, war als Kernpunkt des heutigen Stadtteils Ost Ausgangspunkt für alle weiteren Entwicklungen in diesem Ortsteil. Nicht nur, daß die außerhalb der schützenden Stadtmauern lebenden Hillener Bürger oft die ersten Unruhen und Angriffe Außenstehender aushalten mußten, sie wurden als „Halbfreie Bürger" auch noch für sogenannte niedere Dienste eingespannt.
Doch gerade diese harte Zeit schweißte die Hillener Bürger zu einer verschworenen Gemeinschaft zusammen. So war es auch nicht verwunderlich, daß schon im frühen 19. Jahrhundert Hillener Bürger sich zu einer Bauernschaftswehr zusammenschlossen. Da der damalige Ortsteil Hillen überwiegend aus landwirtschaftlichen Betrieben bestand, wurde der größte Anteil der Bauernschaftswehr aus Landwirten und deren Anhangsberufen gestellt. Die Gastwirte fehlten aber ebensowenig bei diesem Zusammenschluß wie die Kaufleute aus dem Ortsteil Hillen.
Wie man alten Mitgliederlisten entnehmen kann, haben Männer wie Heinrich Pantring, Johann Neuhäuser, Theodor Breuing oder Wilhelm Wienhöfer gen.Ganteführer schon in den Jahren 1863 - 1900 bei Bränden in den Objekten Lister, Hollender, Reiners, Mittlere- und Obere Mühle tapfer gegen den „Roten Hahn" gekämpft. Viele Namen wie Petersmark, Pantförder, Hubert, Hollender, Berger, Freihoff und Reiners müßten in den nächsten Jahren noch genannt werden. Sie zeigen, daß die gemeinsame Sache, der Kampf gegen Feuer und Unwetter, von allen getragen wurde.
Einen bedeutenden Wendepunkt im Feuerlöschwesen der Stadt Recklinghausen bildete das Jahr 1909. Zu den bereits bestehenden Löschzügen Altstadt und Süd formierten sich die Bürger in Hillen zum heutigen Löschzug Ost. Da in den letzten Jahren grö-

ßere Brände aufgetreten waren, zeigte sich, daß die alte Bauernschaftswehr Hillen mit ihren schlichten Geräten wenig ausrichten konnte. So war die Hilfe der Bauernschaftswehr nicht so wirksam wie die einer Freiwilligen Feuerwehr. Den letzten Ausschlag gab der Großbrand bei Schulte Hillen. Die zur Hilfe eilende Freiwillige Feuerwehr aus der Altstadt war wesentlich besser ausgerüstet und konnte daher bessere und schnellere Hilfe leisten. Dieses erkannten die Oster Bürger neidlos an, und allgemein wurde die Ansicht vertreten, die Bauernschaftswehr durch eine Freiwillige Feuerwehr abzulösen.

So kam es am 9. Februar 1909 im Gesellschaftszimmer der Wirtschaft Josef Jörgens zur Gründung einer Freiwilligen Feuerwehr Ost. Spontan waren 43 Oster Bürger bereit, unter Führung des Bauunternehmers Anton Kruse den Kampf gegen den „Roten Hahn" aufzunehmen. Bei der ersten Hauptversammlung am 2. März 1909 erkannten alle anwesenden Bürger die vorgelegte Satzung durch ihre Unterschrift an. Die leitenden Männer der ersten Stunde waren Bauunternehmer Anton Kruse als 1. Chef, Kaufmann Theodor Breuing als 2. Chef, Stadtinspektor Heinrich Paßmann als Schriftführer, Landwirt Wilhelm Wienhöfer als Kassenprüfer, Malermeister Johann Berger als Führer der Steiger-Abteilung, Schlossermeister Bernhard Freyhoff als Führer der Hydranten-Abteilung, Bernhard Petersmark als Führer der Ordnungs-Abteilung sowie Dr. Eichel als Führer der Sanitätsabteilung. Dieser Vorstand, dem weiterhin Heinrich Gahlen und Wirt Ludwig Hubert angehörten, sollten die Geschicke des neuen Löschzuges Ost noch viele Jahre leiten.

Die Stadtverwaltung war aber nur bereit, die neue Wehr mit den erforderlichen Geräten auszurüsten, wenn das gesamte Feuerlöschwesen der Stadt einen festen Zusammenhang bekam. Dies führte nach eingehender Betrachtung dazu, daß sich im Interesse des Feuerschutzes des gesamten Stadtgebietes und zur Hebung der Leistungsfähigkeit der einzelnen Wehren die im Stadtbezirk bestehenden drei Freiwilligen Feuerwehren der Altstadt, Süd und Ost zu einem Stadtverband zusammenschlossen. Jede Wehr bildete für sich einen Löschzug. Zum ersten Branddirektor der neuen Vereinigung wurde Stadtbaurat Martin Sopp gewählt. Da

Stadtbaurat Sopp auch städtischer Dezernent für das Feuerlöschwesen war, begann nun eine kontinuierliche Weiterentwicklung und Weiterbildung im Feuerlöschwesen.

Der Feuerlöschbezirk Recklinghausen-Ost wurde zu dieser Zeit im Westen durch die Bahnlinie Wanne-Münster, im Norden und Osten durch die Stadtgrenzen und im Süden durch die König-Ludwig-Anschlußbahn begrenzt.

Damit die Oster Wehr auch Steigeübungen durchführen konnte, wurde der am Börster Weg stehende Steigeturm auf dem Gelände hinter der heutigen Besitzung Wüller aufgebaut. Bereits 1910 erhielt die Oster Wehr ihr erstes Gerätehaus. Wenig später übergab man der Wehr einen Mannschaftswagen und die kleine Magirus-Leiter, die bisher bei der Altstadt-Wehr stationiert war. 1911 wurden 36 Mitglieder der „Königlichen-Eisenbahn-Werkstätten" in Recklinghausen-Ost Mitglied des Löschzuges und selbständiger Teil der Brandwehr der Stadt Recklinghausen. Der Löschzug Ost hatte zu dieser Zeit 46 Mitglieder. Wenn auch die Kriegswirren von zwei Weltkriegen nicht an der Oster Wehr schonungslos vorbeigegangen sind, hat sie bis heute ihren guten Ausbildungsstand erhalten und verbessern können. Durch das Anwachsen der Stadt waren auch die Aufgaben der Feuerwehr so angestiegen, daß 1925 im Löschbezirk Ost eine zusätzliche Abteilung auf der Hillerheide gebildet werden mußte. Durch die Inbetriebnahme einer Wecker-Alarmierung (1926) konnte die Schlagkraft der Oster Wehr noch verbessert werden.

Als ein Meilenstein in der Geschichte der Freiwilligen Feuerwehr Ost dürfte der 30. und 31. Mai 1959 gelten. Zum Anlaß des 50jährigen Bestehens des Löschzuges Ost konnte der damalige Einheitsführer der Oster Wehr, Oberbrandmeister Freyhoff, den Schlüssel für das neue Gerätehaus Reiners-/Castroper Straße von Stadtbrandmeister Wilhelm Schürk in Empfang nehmen. Durch diesen neuen, zentralen Punkt im Löschbezirk Ost sollte die Einsatzbereitschaft und Schnelligkeit der Freiwilligen Feuerwehr noch weiter verstärkt werden. Wie wir heute feststellen können, hat sich diese Investition mehr als gelohnt. Die Feierstunde in dem neuen Gerätehaus, das auch heute noch Heimat und Treffpunkt der Oster Feuerwehr ist, werden viele Bürger unseres Stadtteiles noch in freudiger Erinnerung haben.

Doch nicht nur im Kampf gegen den „Roten Hahn", auch bei der Beteiligung am kulturellen Leben in Ost nahmen und nimmt auch heute noch die Oster Wehr regen Anteil. Die Zusammenarbeit mit den im Ortsteil ansässigen Vereinen wird als liebgewonnene Überlieferung aus den Gründungsjahren gepflegt. Ob Veranstaltungen mit den Schützen der 5. Kompanie, dem Sportverein, der heutigen SG Hillen, den kirchlichen Vereinen und Verbänden oder dem Verkehrs- und Verschönerungsverein Reck-

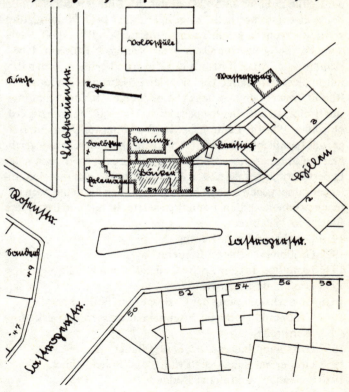

linghausen Ost anstehen, die Mitglieder der Oster Wehr sind dabei.
Die große Zahl von Mittel- und Kleinbränden sowie in neuerer Zeit die Hilfeleistung mit dem Beleuchtungswagen an den verschiedensten Einsatzorten kann hier nicht einzeln aufgezählt werden. Doch zeigt allein schon diese Statistik, daß die Aufgaben und Einsatzbereitschaft der Oster Wehr auch nach 75 Jahren nicht erlahmt.

Die Löschzugführer

Bauunternehmer Anton Kruse gründete und führte die Wehr bis zum 31. Oktober 1935. Malermeister Johann Berger übernahm die Leitung, die er als Stellvertreter des Mitbegründers Anton Kruse übernommen hatte, bis zum Frühjahr 1937. Weitergeführt wurde die Wehr dann von Schlossermeister Adolf Freyhoff. Nachdem Freyhoff 1959 die Oster Wehr seinem Nachfolger, Oberbrandmeister Adolf Jordan, aus Altersgründen übergeben hatte, führte dieser nach alter Tradition den Löschzug weiter, um 1970 Rudolf Breloer den Löschzug Ost zu übergeben. Oberbrandmeister Breloer ist auch heute noch aktives Mitglied im Löschzug Ost, obwohl er 1980 die Leitung an Oberbrandmeister Hermann Berger aus beruflichen Gründen weitergab. Dank dieser ausgezeichneten Führungsspitze und der guten Zusammenarbeit aller Feuerwehrmänner der Oster Wehr konnte der nicht immer einfache Kampf gegen Feuer und Naturgewalten bis heute noch immer gewonnen werden. Bemerkenswerte Brände und besondere Einsätz in 75 Jahren:
1919 Großbrand Bauer Reising
1929 Großbrand Schlegel-Brauerei
1933 Explosion auf der Zeche General Blumenthal
1935 Großbrand Bauer Hütter
1938 Überschwemmung der Castroper Straße
1944 Großbrand Holzlager Eisenbahnausbesserungswerk Maybachstraße
1957 Großbrand Bauer Sanders und Bauer Pill
1958 Großbrand Baugeschäft Kufus und Bauer Münch
1980 Scheunenbrand Bauer Budde.

Die politischen Parteien

Die SPD seit 1946

Von Gert Dieter Dunke

„1946 - November 16. Recklinghausen-Hillen: Neugründung eines SPD-Ortsvereins unter dem Vorsitz von August Jäger." So steht es kurz und knapp in einer Broschüre, die der SPD Unterbezirk 1955 herausgab. Aber die „Westfälische Rundschau" vom 13. November wußte es besser. Sie enthielt folgende Anzeige:
„SPD-Versammlungen!
Recklinghausen-Hillen: 15.11., 19 Uhr im Lokale Reiners, Hillen 34, Gründungsversammlung."
Der Ortsverein ist also einen Tag älter, als immer angenommen. Protokolle oder sonstiges schriftliches Material ist aus dieser Zeit nicht erhalten.
Am 19.2.1947 berichtete die „Westfälische Rundschau":
„Neuer Ortsverein der SPD.
In Hillen hielt der neugegründete Ortsverein eine Mitgliederversammlung ab. G. Reithar referierte über das neue Wahlgesetz und J. Buchroeder sprach über die Arbeit der Stadtvertretung. Die sehr lebhafte Diskussion zeigt in dem noch jungen Ortsverein eine rührige Arbeit für die Ziele der SPD." Die Versammlung hatte sechs Tage vorher in der Gaststätte Reiners in Hillen stattgefunden, damals und noch zwanzig Jahre lang so etwas wie das „Stammlokal" der Hillener SPD. In den ersten zwei Jahren seines Bestehens hielt der Ortsverein 21 Mitgliederversammlungen ab, also fast jeden Monat eine. Einen Monat vor der Gründung des Oster Ortsvereins, am 13. Oktober 1946, war die erste freie Kommunalwahl nach dem Kriege in Nordrhein-Westfalen. Die CDU errang mit 19 von 36 Sitzen die absolute Mehrheit im Stadtrat, die SPD errang 14 Mandate. Im Wahlbezirk 7 (Ost/Essel) erhielt die

CDU	5.073 Stimmen	(2 Sitze: Appelhoff, Spoden)
SPD	4.969 Stimmen	(1 Sitz : Buchröder)
KPD	2.198 Stimmen	—
Zentrum	947 Stimmen	— ungültig 291 Stimmen —

Obwohl die CDU bei dieser Wahl in Ost nur mit 104 Stimmen vor der SPD lag, behauptete sie doch lange die Mehrheit im Gebiet Hillen/Wüller, im Bereich der Dortmunder Straße war von Anfang an die SPD vorn. Julius Buchröder, der in den Rat einzog, kam von der Dortmunder Straße, und dort lag ganz eindeutig das Zentrum der sozialdemokratischen Wählerschaft in Ost.

Von dem neugegründeten Ortsverein ist aus den Anfangsjahren nur sehr wenig bekannt. Aus dem Wahlkampf zu den Amts-, Gemeinde- und Kreitagswahlen am 17. Oktober 1948 gibt es eine Begebenheit zu berichten: am 10. Oktober sollte um 17 Uhr „im Lokal Wildhagen" eine öffentliche Wahlversammlung stattfinden. Referent war „Allekotte, Gladbeck". Das Lokal heißt heute „Hotel Wüller", und der Referent Karl Heinz Allekotte wohnt gleich um die Ecke auf der Nordseestraße. Er erinnert sich nicht mehr an die Versammlung, sondern nur noch an die Bemerkung, die ihm im Unterbezirksbüro mit auf den Weg gegeben wurde: „In Hillen können wir sowieso nichts gewinnen, da können wir ruhig den Juso (= Allekotte) hinschicken."

Im neugewählten Rat, der nur noch 27 Mitglieder hatte, blieb die CDU stärkste Fraktion und stelte auch - letztmalig - den Oberbürgermeister, verlor aber die absolute Mehrheit. Für den Ortsverein Hillen hatte August Vermehren vergeblich versucht, in den Rat zu kommen. Er wurde für etliche Jahre der führende Mann der Oster SPD. Neben ihm sind noch zu nennen: August Jäger, Hugo Dewenter, Georg Wlodarz († 1949), August Kock und August Pabst.

Bei der Bundestagswahl 1949 gab es in Ost folgendes Ergebnis:

	SPD	CDU	Z	KPD	FDP	Wahlbeteil.
Wahlbezirk 17a (Eickmann)	289	505	149	77	70	82,71%
Wahlbezirk 17b (Wüller)	350	589	167	89	31	83,5%

In den ersten Nachkriegsjahren blieb der SPD-Ortsverein Ost/ Hillen recht klein und stand stets in Konkurrenz zum Ortsverein

Hochlar, was die Zahl der Mitglieder anging. 1948 lag Hochlar noch mit 71 zu 58 vorn, 1949 aber Hillen mit 62 zu 46. Größer wurde der Ortsverein Ost bis in die 50er Jahre nicht.
Bei der Kommunalwahl 1956 gewann die SPD in Recklinghausen mit 22 von 42 Ratssitzen erstmals die absolute Mehrheit. Das Ergebnis in den beiden Oster Wahlbezirken 16 (Ost/Nord) und 17 (Ost/Hillen) lautete:

Stimmberechtigte	4.119	3.974
Abgegeb. Stimmen	3.242	3.280
ungültig	31	33
CDU	.848	1.542
SPD	2.065	1.355
FDP	116	191
BHE	152	159
Gewählt:	Heinrich Uhlenbrock (SPD)	Eduard Wachtel (CDU)

Vorsitzende des Ortsvereins waren vermutlich August Jäger, August Vermehren, Hans Hütten, Lothar Rhode, Theo Pantförder und dann – ab 1958 – Helmut Frohne. Mit ihm nahm der inzwischen auf rund 100 Mitglieder angewachsene Ortsverein einen raschen Aufschwung, er zog als erstes Oster SPD-Mitglied in den Rat ein!
Frohne wurde 1920 in Insterburg/Ostpreußen geboren und kam 1929 mit seinen Eltern nach Gelsenkirchen. Nach Abitur, Wehrdienst und kurzer Kriegsgefangenschaft ging er zur Polizei – zunächst zur Schutzpolizei, dann zur Kripo. Er starb 1982, erst 62 Jahre alt.
1961 hatte der Ortsverein 104 abgerechnete Mitglieder. Im gleichen Jahr trat Helmut Frohne als Ratskandidat gegen Eduard Wachtel an. Frohne klopfte buchstäblich an fast jede Wohnungstür. Damals nannte man das „Klinkenputzen", heute „canvassing" – aber Frohne verlor.
Bei der nächsten Kommunalwahl drehte er den Spieß jedoch um. 1964 hieß der Sieger Helmut Frohne – nach 18 Jahren CDU-Mehrheit gewann er das Direktmandat erstmals für die SPD. Diese Mehrheit haben er und seine Nachfolger bis heute behauptet. Im gleichen Jahr (1964) wurde Frohne auch stellvertretender Unterbezirksvorsitzender. Vorsitzender des Ortsvereins blieb er bis

Anfang 1975 - mehr als 16 Jahre lang. Im 1966 gewählten Vorstand erhielten Hugo Dewenter und Hans Hütten zum letzten und Gert Dieter Dunke zum erstenmal ein Parteiamt.
Erst aus dem Jahre 1968 liegen die nächsten Informationen vor. In der Zwischenzeit muß Helmut Frohne sich wohl im Rat und in der Partei deutlich bemerkbar gemacht haben, denn am 15. Oktober 1968 schrieb die „Vestische Neueste Zeitung - Ruhrnachrichten" immerhin folgendes: „CDU möchte 1969 das SPD-Rathaus erobern. Bei den Parteien sind Helmut Frohne (SPD) und Theodor Füßmann (CDU) als OB-Kandidaten im Gespräch."
Da war aber wohl ein bißchen Wunschdenken im Spiel - Oberbürgermeister wurde keiner von beiden, sondern - wie vorher - Heinrich Auge.
Bei der Kommunalwahl 1969 gab es für Ost/Hillen einen zweiten Wahlbezirk, und mit Frohne zog Gert Dieter Dunke in den Rat ein, in dem die SPD ihre absolute Mehrheit behauptete. Anfang 1970 setzte sich Helmut Frohne ganz knapp in drei Wahlgängen gegen Helmut Pardon als Landtagskandidat durch und zog dann auch - direkt gewählt - in den Landtag ein.
Bei den Vorstandswahlen im Ortsverein 1972 wurden neue Entwicklungen sichtbar: Gert Dieter Dunke und Jochen Welt wurden zu Stellvertretern des alten und neuen Vorsitzenden Frohne gewählt.
Die 70er Jahre waren von neuen und vielfältigen Aktivitäten des Ortsvereins gekennzeichnet, die alle darauf gerichtet waren, den Kontakt zur Oster Bevölkerung zu vertiefen. Ein gewisser Höhepunkt war das dreitätige Heuwiesen-Zeltfest 1979.
Schon vorher aber hatte es einen dritten Wahlbezirk für Ost gegeben. 1975 zog als neues Mitglied Jochen Welt in den Rat ein. Helmut Frohne war wieder als Ratskandidat benannt worden. Als er aber gegen Helmut Pardon, der erneut kandidierte, das Landtagsmandat verlor, legte er aus Verärgerung nicht nur seinen Vorsitz im Ortsverein, sondern auch seinen Ratssitz nieder und verzichtete auf eine neue Kandidatur. Neuer Vorsitzender im Ortsverein wurde im Januar 1975 Gert Dieter Dunke, in den Rat zog an Frohnes Stelle Gertrud Fleischmann ein. Das Trio Dunke-Welt-Fleischmann prägte für mehr als ein halbes Jahrzehnt die Arbeit und das Außenbild des Ortsvereins. 1979 wurden alle drei wieder

direkt in den Rat gewählt. 1981 rückte über die Reserveliste Norbert Geidies in den Rat nach, so daß der Ortsverein kurzzeitig vier Ratsmitglieder stellte - kurzzeitig deshalb, weil Gertrud Fleischmann Ende Oktober 1982 ihr Ratsmandat niederlegte, ebenso den stellvertretenden Vorsitz im Ortsverein, in dem ihr Norbert Geidies nachfolgte. Ihre persönlichen Motive - Unzufriedenheit mit den allgemeinen Strukturen der Recklinghäuser SPD - betrafen nicht ihren Oster Ortsverein, der ihre Entscheidung respektierte.

Die CDU seit 1946

Von Wolfgang Pantförder

Sommer 1946. Die Spuren des Krieges sind überall deutlich erkennbar, so auch in Ost/Hillen, wo Frauen und Männer bereits tatkräftig am Wiederaufbau des Landes mitwirken. Dazu gehört auch der Aufbau eines neuen demokratischen Gemeinwesens.
Josef Büning aus Hillen erinnert sich: „Am Anfang waren wir drei oder vier, die sich entschlossen, der neugegründeten CDU beizutreten. Wir wollten auch in Ost/Hillen eine Ortsunion gründen. Dazu brauchten wir natürlich weitere Freunde, die bereit waren, aktiv an der Verwirklichung unserer Ideen mitzuwirken. Es war sehr schwer, diese Frauen und Männer zu finden. Das Wort „Partei" schreckte so manchen aus der bitteren Erfahrung der vergangenen Jahre ab."
Die Gründung der CDU Ortsunion Ost/Hillen gelang. Vermutlich Mitte 1946 kam es im heutigen Lokal „Haus Sanders" an der Liebfrauenkirche zur Gründungsversammlung. Johannes Spoden von der Castroper Straße wurde einstimmig zum 1. Vorsitzenden der neuen Ortsunion Ost/Hillen gewählt. Als weitere Aktiven sind zu nennen: Heinrich Gartmann, Franz Grothusmann und Josef Büning. Das Lokal bei Sanders ist bis heute Stammlokal der Oster CDU geblieben, obwohl man natürlich auch in jeder anderen Oster Gaststätte gerne Besprechungen abhält.
Unter Johannes Spoden wuchs die Ortsunion auf mehr als 30 Mitglieder an. Jahr für Jahr kamen Freunde dazu. Anfang der 50er Jahre war die CDU in Ost/Hillen der mitgliederstärkste Ortsverband innerhalb der CDU in Recklinghausen.
Als Johannes Spoden aus beruflichen Gründen Recklinghausen verließ, wählte die Generalversammlung der Ortsunion den bereits seit langer Zeit sehr aktiven und engagierten Unionsfreund Eduard Wachtel zu ihrem neuen Vorsitzenden. Eduard Wachtel vertrat auch einige Zeit später die Interessen der Oster Bürgerschaft im Rat der Stadt Recklinghausen. Sein unermüdlicher Einsatz machte ihn in kurzer Zeit im gesamten Stadtgebiet bekannt, er wurde anerkannt und geschätzt.

Im Januar 1959 wurde Josef Peters Vorsitzender der CDU Ost/Hillen. Eduard Wachtel widmete sich auch stärker der Ratsarbeit. Josef Peters wurde unterstützt von Alois Alder, dem späteren Fraktionsvorsitzenden der CDU-Fraktion im Rat der Stadt.
Im Februar 1961 wählte man Konrad Stemmer zum 1. Vorsitzenden. Er hatte seinen Wohnsitz von der Altstadt nach Ost/Hillen verlegt und war zuvor bereits mehrere Jahre Vorsitzender der CDU Ortsunion Altstadt. Konrad Stemmer leitete die Oster CDU mit großem Erfolg bis 1975. Als er 1967 für zwei Jahre den Vorsitz in der Oster KAB übernahm, führte in dieser Zeit erneut Josef Peters die Ortsunion. Als weitere Aktiven in der langen Arbeit der Ortsunion sind zu nennen: Franz Grothusmann, Alois Alder, Heinrich Hüser, Heinz Everhard, Karl Fiekens, Johannes Schulte, Heinz-Werner Köchling, Paul Stief und Hans Röring.
Das Gebiet der Ortsunion erstreckte sich zu dieser Zeit von Berghausen/Ost-Hillen/Ketteler-Siedlung bis hin zur Lohwegsiedlung. Es umfaßte folglich die heutigen Pfarrgemeindebezirke Liebfrauen und St. Petrus-Canisius.
Die Vertretung der Interessen in einem so großen Einzugsbereich führte auch damals schon zu Schwierigkeiten. So wurde 1958 die Ortsunion geteilt in Ost/Nord (nördl. Dortmunder Str.) und Ost/Süd (Liebfrauenkirche/Berghausen). Eine Arbeitsgemeinschaft umklammerte beide Ortsunionen. Vorsitzender in Ost/Nord wurde Paul Stief, Stellvertreter Redlich. Vorsitzender in Ost/Süd war Eduard Wachtel, Stellvertreter Alois Alder.
Im Frühjahr 1968 kam es wieder zur Fusion der beiden Ortsunionen. Bis heute hat sich daran nichts geändert, obwohl immer wieder die Größe und unterschiedlichen Probleme der Wohnbereiche Anlaß zu Überlegungen sind, den Ortsverband Ost aufzuteilen, und zwar ähnlich wie 1958 in Ost/Nord und Ost/Süd bzw. Ost/Hillen.
Spätere Vorsitzende in Ost/Nord waren: Karl Fiekens, Hans Röring und Paul Stief. Als weitere Aktive sind zu nennen: Heinz Everhard und Johannes Schulte.
Von 1963/64 an beteiligten sich auch Junge aktiv an der Arbeit der Union in Ost/Hillen. Die Junge Union auf Ortsvereinsebene wurde mit Erfolg gegründet. Jürgen Wachtel, Lothar Hegemann, Heinz-Werner Köchling, Bernhard Pantförder und Erwin Mar-

schewski bildeten den ersten Kreis der jungen Mannschaft. Lothar Hegemann wurde einige Zeit später Stadtverbandsvorsitzender der Jungen Union in Recklinghausen. Erwin Marschewski wählte man zum Kreisvorsitzenden der Jungen Union und später zum Präsidiumsvorsitzenden der Jungen Union Westfalen und Rheinland. Seit 1980 ist er Mitglied des Deutschen Bundestages. Seit Februar 1975 führt Wolfgang Pantförder die CDU Ortsunion Ost/Hillen. Seine Stellvertreter in dieser Zeit waren Karl Fiekens, Ursel Jost-Westendorf, Lothar Hegemann. Heute sind Ursel Jost-Westendorf und Jürgen Brühl stellvertretende Vorsitzende. Seit 1973 besteht in der Ortsunion eine Frauengruppe. Im Mai 1983 konnte das 10jährige Bestehen gefeiert werden. Die Leitung der Frauengruppe liegt von der ersten Stunde an bei Ursel Jost-Westendorf.

Die CDU Ost/Hillen ist heute mit über 250 Mitgliedern der mitgliederstärkste Ortsverband im CDU-Stadtverband. Man trifft sich regelmäßig zu Vorstandssitzungen, Mitgliederversammlungen, Bürgergesprächen, aber auch zum Stammtisch oder zur Fahrt ins Blaue. Die CDU Ost/Hillen stellte mit Alois Alder mehrere Jahre den Fraktionsvorsitzenden im Rat der Stadt Recklinghausen. Mit Lothar Hegemann steht ein Oster Unionspolitiker an der Spitze des CDU-Stadtverbandes. Lothar Hegemann ist gleichzeitig Abgeordneter im nordrhein-westfälischen Landtag. In den vergangenen fast 40 Jahren Ortsunionsarbeit kamen und kommen zahlreiche Kommunalpolitiker aus Ost/Hillen.

Bei der ersten freien Kommunalwahl am 13. Oktober 1946 war Johannes Spoden für die CDU direkt in den Rat der Stadt gewählt worden. 18 Jahre konnte die CDU in Ost/Hillen ihre führende Position bei den Kommunalwahlen behaupten. Nach Johannes Spoden wählten die Oster Bürger Eduard Wachtel direkt ins Kommunalparlament von Recklinghausen. Der Wahlkreis Ost/Süd galt als sichere Burg der CDU, während der andere Wahlkreis nördlich der Dortmunder Straße eine Hochburg der SPD war. Erst bei der Kommunalwahl 1964 verlor die CDU ihr Direktmandat in Ost/Hillen an die SPD. Die Oster Christdemokraten waren von da an auf eine Absicherung auf der Reserveliste der Partei angewiesen. Neben Eduard Wachtel gehörte auch Heinz Everhard dem Rat der Stadt an. Er galt als ein besonders engagierter Vertreter

der Arbeitnehmerschaft und war auch durch seinen Einsatz für die Belange der KAB schon vorher sehr bekannt.
Mit Johannes Schulte und Alois Alder, den späteren Fraktionsvorsitzenden, gelang zwei weiteren Politikern der CDU in Ost die Mitgliedschaft im Rat.
1969 wird Konrad Stemmer in den Rat der Stadt gewählt. Sein Engagement im Sozialbereich und speziell für die hör- und sprachgeschädigten Mitbürger bekam einen festen Platz in der Fraktion und somit im Rat. Er kam über die Reserveliste ins Stadtparlament. Die Direktwahl verfehlte er – wie auch in der folgenden Kommunalwahl – nur knapp. Karl Fiekens rückte kurz vor Ablauf der Legislaturperiode in den Rat nach.
Seit 1975 gibt es in Ost/Hillen drei Kommunalwahlkreise, in Ost/Nord (Hinsberg und Lohwegsiedlung) zwei Kommunalwahlkreise. Sowohl 1975 als auch 1979 waren zwei der Ost/Hillener Wahlkreise hart umkämpft. 1984 ist der Zeitpunkt der nächsten Kommunalwahl.
Seit 1975 gehören neben Konrad Stemmer auch Ursel Jost-Westendorf, Lothar Hegemann und Wolfgang Pantförder dem Rat der Stadt Recklinghausen an. Sie konnten auch bei der Kommunalwahl 1979 wieder den Sprung in den Rat schaffen. Mit Gerlind Gahlen und Jürgen Brühl hat die CDU Ost/Hillen heute bereits sechs Ratsvertreter, die sich in ihrer Freizeit für die Belange der Bürgerschaft und der CDU einsetzen. Ost/Hillen ist sicherlich unbestritten ein Feld engagierter Kommunalpolitiker. Die Entwicklung zum größten Stadtbezirk, insbesondere durch die Bebauung des Quellberges, ist nur ein Grund für die zahlreichen Aktivitäten.

Liberale in Ost

Von Gert Dieter Dunke

Schon die Kommunalwahl 1929 zeigte, daß die Liberalen in Ost es auch früher schon schwer hatten: ganze 147 Stimmen erhielten die beiden liberalen Parteien zusammen, wobei die rechtsliberale Deutsche Volkspartei davon allein fast 80 % gewann. Für sie zogen der Studienrat Dr. Hermann Bitter und die Hausfrau Alma Olzog in den Stadtrat ein. Der Spitzenkandidat der linksorientierten Deutschen Demokratischen Partei war auch ein Lehrer: Gustav Küster von der evangelischen Volksschule in Essel an der Dortmunder Straße. Er kam nicht in den Stadtrat.
1946 wurde der FDP-Stadtverband gegründet. Weder im ernannten Stadtrat (1945) noch in den beiden ersten gewählten Stadträten (1946 = rd. 1,2 %, 1948 = 4,3 %) waren die Liberalen vertreten. 1946 hatte die Partei in Ost gar nicht kandidiert. 1947 gab es die erste nordrhein-westfälische Landtagswahl: in Recklinghausen erhielt die FDP dabei 4,0 %, in Ost allerdings nur etwas über drei Prozent.
Das Wahlergebnis der Kommunalwahl 1952 war das beste, das die FDP in Recklinghausen je hatte: 14,48 % und sieben Mandate: Dr. Schimpf, Mertens, Ollesch, Becker, Dr. Borchmeyer, Schürk und Prause zogen in den Rat der Stadt ein. Ob einer von ihnen aus Ost stammte, ist nicht feststellbar. Man darf vermuten, daß dies nicht der Fall war. Die Kommunalwahlergebnisse 1956 bis 1975 schwankten etwa zwischen sechs und zehn Prozent, die Zahl der Mandate zwischen zwei und vier.
Siebenundzwanzig Jahre behaupteten sich die Liberalen im Stadtparlament, 1979 scheiterten sie an der 5-Prozent-Klausel – hauptsächlich wegen der Konkurrenz der ‚Grünen'.
Als Organisationsform hatte es stets nur den Stadtverband gegeben (1956–58 Teilung in Süd und Altstadt): eine eigenständige Oster Organisation gab es nie.
Nur drei Oster Liberale sind in den vergangenen zwei Jahrzehnten namentlich hervorgetreten: Dietrich Laube, Kurt Ahlert und Udo Schmidt. Von Dietrich Laube, geb. am 27. 9. 1923 in Recklinghausen, wurde in der ‚WAZ' vom 18. 3. 1961 berichtet: „Hinter

dem Haus, Hammer Straße 23, werkt ein Mann – die Ärmel sind weit aufgekrempelt – an einem Mäuerchen. Ein zweiter kommt hinzu, stellt sich vor und lächelt freundlich: Gestatten, mein Name ist Frohne, SPD-Kandidat in diesem Wahlbezirk. Der erste lächelt zurück, stellt sich auch vor: Gestatten, mein Name ist Laube, in diesem Bezirk FDP-Kandidat.
So ähnlich muß es gewesen sein, als Frohne und Laube vor einigen Tagen zusammentrafen. Die beiden Männer einigten sich schnell darauf, daß sie einander wohl nicht wählen könnten. Sie verbeugten sich artig und schieden dann in bestem Einvernehmen." Nachdem dann ausführlich Helmut Frohne (SPD) und Eduard Wachtel (CDU) charakterisiert wurden, heißt es weiter: „Bescheidener in seinen Zielen ist aus verständlichen Gründen der Steuerinspektor Dietrich Laube (37) vom Recklinghäuser Finanzamt. Der Mann ist seit drei Monaten in der FDP. Jung aus Ost und aus eben diesem Grunde optimistisch: ‚Für die FDP hat hier noch nie einer aus Ost kandidiert. Dietrich Laube kennen die Leute. Die ganze Straße wählt mich.' Dabei lacht Laube wie ein großer, sympathischer Junge." Er kandidiert auch bei der Kommunalwahl 1964 wieder im Wahlbezirk 17. Auf der Reserveliste hatte er Platz 6, kam aber – wie auch 1961 – nicht in den Rat.
Von 1969 bis 1979 arbeiteten Kurt Ahlert und Udo Schmidt (1975–1979) als sachkundige Bürger in Ratsausschüssen. Ahlert, in Dortmund geboren und seit 1958 in Ost ansässig, war im Grün- und im Bauausschuß, Schmidt – seit einigen Jahren im Quellberg wohnhaft – im Feuerwehrausschuß. Sie bewarben sich auch als Direktkandidaten in ihren Wahlbezirken, schafften aber nicht den Sprung in den Recklinghäuser Rat.
Bei den Kommunalwahlen 1975 und 1979 hatte Ost drei Wahlbezirke – 26, 27 und 28. Die Bezirke 29 und 30 lagen im Bereich der Dortmunder Straße/Lohwegsiedlung. Die F.D.P. erhielt in den Wahlbezirken

	26	27	28	29	30
1975:	4,12%	5,73%	5,88%	7,38%	6,63%
1979:	3,90%	3,83%	3,69%	4,54%	6,35%

Das gute Abschneiden im Wahlbezirk 30 (Lohwegsiedlung) führen F.D.P.-Vertreter auf ihre bürgernahe Arbeit beim Thema ‚Trassenführung des August-Schmidt-Ringes' zurück.

Handel – Handwerk – Industrie
Die Wirtschaftsstruktur

Von Jochen Welt

Bei einem Bummel durch Recklinghausen-Ost trifft man auch heute noch auf eine Vielzahl alteingesessener Geschäfte, die teilweise auf einen über 100jährigen Bestand zurückblicken können. Alte Werbeanzeigen wirken vielfach kurios und lassen heute schmunzeln, doch weisen sie uns auf Veränderungen hin, die nicht nur der Stadtteil im Laufe der Jahre genommen hat. Zwei Festschriften mögen hierzu eine Hilfestellung geben.
So die Festschrift zum 25jährigen Jubiläum der Pfarrkirche Liebfrauen, erschienen im Jahre 1928. Hier lesen wir: „Allen Pfarreingesessenen empfehlen wir angelegentlich die in der Festschrift enthaltenen Anzeigen und bitten, die genannten Geschäfte bei Bestellungen und Einkäufen besonders berücksichtigen zu wollen."
Dies ist hier anstelle der sonst heute üblichen Grußworte zu lesen. Schlägt man die Schrift auf, kann man einen Einkaufsbummel in Ost anno 1928 machen. Johannes Schürmann, Castroper Straße, wirbt für seinen „Ia gebrannten Kaffee" und verspricht „reelle Bedienung". Wem ist er in Ost nicht bekannt? Johann Erlemann an der Liebfrauenkirche und neben der Liebfrauenschule bietet neben sämtlichen Schulartikeln auch Rosenkränze und ein Sortiment von Zigarren an. Für Waschmaschinen für Hand, Wasser und elektrischen Antrieb wirbt Anton Winter. Und auch damals schon stand der Name Bernhard Enning, Dortmunder Straße, im Anzeigenteil, allerdings nicht für Fahrzeugbau. Damals warb Bernhard Enning für einen „Ia-Hufbeschlag".
Hubert Enkel, noch heute ansässig auf der jetzigen Douaistraße, warb neben alkoholfreien Getränken auch für seinen Kohlesäurevertrieb. Bei Friedrich Klippel auf der Castroper Straße mußte man einen ganz hochmodernen Friseursalon vermuten. Neben angenehmer und schneller Bedienung empfahl er seine beiden elektrischen Haarschneidemaschinen und eine große Auswahl an Zigarren, Zigaretten und Tabak.

Der Funkturm von Recklinghausen: Fernmeldeturm am Friedhof Ost

Markantes Bauwerk im Ruhestand: Alter Wasserturm auf dem Fritzberg

Kommunale Aufsichtsbehörde in Ost: Kreisverwaltung Recklinghausen an der Kurt-Schumacher-Allee

Auf Sanders Wiesen gebaut: Arbeitsamt Recklinghausen, Castroper Straße

Auch die Damen- und Herrengarderobe war in Ost maßgeschneidert zu erhalten. Schneidermeister Josef Pantförder und Wilhelm Budde fertigten eleganteste Stücke. Der Begriff Bäckerei Enning konnte in der Schrift von 1928 nicht fehlen. „Bestellungen für alle festlichen Gelegenheiten" sollten prompt und sorgfältig ausgeführt werden. Inzwischen hat sich viel getan im Oster Stadtteil, obwohl, wie schon erwähnt, noch eine Reihe von Fachgeschäften auch heute die Wirtschaftsstruktur unseres Stadtgebietes beleben.

Nur 20 Jahre später wird die Hillener Chronik in den heimatkundlichen Schriften mit dem Titel „Hillen einst und jetzt" fortgesetzt. Dort liest man: „Das alte Hillen und jetzige Recklinghausen-Ost ist nicht sonderlich reich an Werken und Industrie; zu der schon erwähnten Brauerei und dem ebenfalls genannten Bundesbahnausbesserungswerk gesellen sich noch eine Essig- und Sauerkrautfabrik, eine Textilfabrik mit Weberei und ferner zahlreiche Produktionsstätten des handwerklichen Gewerbes. Sie aber geben dem östlichen Stadtteil ein gewisses Gepräge, ohne jedoch den Wesenskern des alten Hillen, der auch heute noch lebendig ist, verdecken zu können, und dieses Grundelement der Hiller Gemarkung ist auch jenes, durch das die Atmosphäre des ganzen Recklinghausen erheblich und kraftvoll mitbestimmt wird. Es ist die Landwirtschaft, die Bearbeitung der Scholle."

Was Heinrich Brathe hier 1950 schrieb, muß sich für einen in den letzten Jahren nach Recklinghausen-Ost gezogenen Bürger wie ein Märchen anhören. Nichts ist geblieben von der Brauerei, von dem Bundesbahnausbesserungswerk, von der Essig- und Sauerkrautfabrik. Man muß schon ganz genau hinschauen, um nach der Bebauung des Quellbergs auch noch landwirtschaftliche Atmosphäre schnuppern zu können.

Vorbei sind die Zeiten, da die Jungen und Mädchen entlang der Castroper Straße sich darauf freuten, wenn auch mit einigen Umwegen und guten Beziehungen, in dem für sie exklusiven Schwimmbad der Brauerei – mit frischem Quellwasser natürlich – einmal schwimmen zu dürfen. Vorbei ist die Zeit, in der mit Pferdegespann über die Dortmunder und die Castroper Straße gefahren wurde. Vorbei auch die Zeit, als man mit großem Interesse und noch nicht ganz ausgereiftem technischem Sachverstand die

Reparaturen in dem Straßenbahndepot beobachten konnte oder die Inbetriebnahme eines neuen Straßenbahnzuges, die wie ein großes Fest gefeiert wurde.

Auch der *Wasserturm* auf dem Fritzberg, der am 13. Juli 1904 in Betrieb genommen wurde und für den Oster Stadtteil immer ein Wahrzeichen war, ist außer Betrieb. Es streiten sich nun die Versorgungsunternehmen, Denkmalschützer und Politiker, ob dieser Wasserturm erhalten und einer anderen Nutzung zugeführt werden soll, oder ob man ihn einfach abreißen soll. Am 13. Juli 1904 erschien in der „Recklinghäuser Zeitung" eine kurze einspaltige Meldung: „Seit gestern ist das etwa 4000 cbm fassende Wasserreservat auf der höchsten Stelle der Horneburger Straße (heute Dortmunder Straße) in Betrieb genommen worden. Das Wasserwerk für das nördliche-westfälische Kohlenrevier sah sich zu dieser Anlage gezwungen, um den vielen berechtigten Klagen über zu geringen Wasserdruck in hochgelegenen Häusern zu begegnen. Durch das Hochbassin wird der notwendige Ausgleich des Druckes herbeigeführt." Dieser inzwischen 80jährige Wasserturm sollte auch weiterhin, wenn auch mit einer anderen Nutzung, ein Wahrzeichen unseres Stadtteils bleiben. Er steht auf dem höchsten natürlichen Punkt des Stadtgebietes Recklinghausen (115 m).

Seit 1978 hat sich ein weiteres Wahrzeichen zugesellt: der *Fernmeldeturm* der Deutschen Bundespost. Mit dem sogenannten Schleuderbetonmast (23 m hoch) erreicht das nahe dem Ostfriedhof stehende Bauwerk die stattliche Höhe von 90 Meter. Seine Aufgabe: Fernsprechfunkverbindungen für Simultan-Telefongespräche nach Münster (300), Bottrop (600), Gelsenkirchen (300), Düsseldorf (240), Dortmund (2280), Bochum (240) und Oberhausen (480) sowie Empfang von sechs Fernseh- und 16 Rundfunkprogrammen im Breitbandkabelnetz Quellberg.

Noch andere Betriebe und Einrichtungen sind nicht nur erhalten, sondern stellen weiterhin einen erheblichen Versorgungsbeitrag für den Stadtteil Recklinghausen-Ost und darüber hinaus dar.

So weist die Chronik der *Enning-Firmengruppe* im Jahre 1981 mit dem Titel: „Vom Hufschmied zum Autospezialisten" auf die lebhafte Entwicklung dieses Unternehmens hin. Bereits 1907 wurde durch Bernhard Enning, einen Onkel des späteren Seniorgesellschafters, Franz Enning, eine Schmiede gegründet, der auch ein Hufbeschlag- und Wagenbaubetrieb angegliedert war. Die „Zielgruppe Pferdestärken war damit also bereits vorgegeben", wird in der Chronik hierzu bemerkt. 1936 trägt nun Franz Enning dem technischen Fortschritt Rechnung. In der Schmiede seines Onkels an der Dortmunder Straße 5 wird durch ihn ein Kraftfahrzeugbetrieb eröffnet. Seinen vorläufigen Höhepunkt bietet 1980 – nach Übernahme verschiedener Repräsentanzen, wie Porsche und Autounion und der Eröffnung weiterer Enning-Betriebe in Datteln, Wulfen – die Eröffnung des neuen Enning-Autozentrums Stadtmitte auf dem ehemaligen Brauereifeld an der Dortmunder Straße.

Natürlich muß man in diesem Zusammenhang auch auf den Bäkker Enning an der Castroper Straße zu sprechen kommen. Auch er stellte und stellt auch heute immer noch einen wesentlichen Versorgungsbeitrag für den östlichen Stadtteil dar.

Daß sich die Struktur auf der alten Hiller Gemarkung verändert hat, erkennt jeder, der heute durch den immer noch liebenswerten Stadtteil geht. Nicht mehr Kleingewerbe und Bauerschaft stehen im Vordergrund, vielmehr haben sich eine Vielzahl von Verwaltungsinstitutionen im oder am Rande des Stadtteils niedergelassen.

Klar ist, daß auch die *Stadtsparkasse* sehr schnell die Bedeutung des Oster Stadtteils erkannte. Mit drei Zweigstellen ist sie in Recklinghausen-Ost vertreten: seit 1960 mit dem Eckhaus Dortmunder Straße/Kardinal-von-Galen-Straße, seit 1963 mit dem Neubau der Zweigstelle Castroper Straße schräg gegenüber der Liebfrauenkirche. Südöstlich davon ist das jüngste Filialkind in Ost, die Zweigstelle Quellberg, entstanden. Sie weist auf den zunehmenden Stand der Bebauung in diesem Stadtteil hin. Sie liegt seit 1980 an der Amelandstraße, inmitten des Einkaufszentrums Quellberg. Dabei war bereits 1905 auf Entscheidung des Sparkassenkuratoriums eine Annahmestelle beim Colonialwarenhändler Theodor Breuing, Suderwichstraße 11, eingerichtet und 1913 in eine Zweigstelle mit Auszahlungsberechtigung umgewandelt worden. Diese wurde allerdings 1924 spätes Opfer der Inflation. Seit Mitte der 50er Jahre aber reiften die Pläne für die Bebauung an der Castroper Straße, die 1963 mit der dortigen Zweigstelle ver-

verwirklicht waren. Wegen des *Einkaufszentrums* Quellberg hatte es lange und engagierte Diskussionen gegeben. Mit der beginnenden Bebauung des Quellberges wurde der Ruf nach Geschäften, Ärzten und anderen Versorgungseinrichtungen immer lauter. Aber noch 1972 mußten sich Bürger darüber Luft machen, daß in dem inzwischen dicht bebauten Neubauwohngebiet noch nicht einmal eine Kneipe vorhanden sei. Nun, eine Kneipe ist auch heute noch nicht da, aber es ist zu erwarten, daß die Vollendung des Einkaufszentrums mit weiteren Bauabschnitten auch eine Gaststätte bieten wird.

Aber nicht nur die Sparkasse, auch das *Arbeitsamt* und die naheliegende *Kreisverwaltung* prägen inzwischen das Bild unseres Stadtteils. Das hat nicht zuletzt dazu geführt, daß eine Vielzahl von Bediensteten dieser Einrichtungen in die naheliegenden Wohngebiete gezogen sind. Der Stadtteil wird 1987 eine weitere bedeutende Einrichtung des öffentlichen Dienstes erhalten: die *Justizfortbildungsstätte* des Landes Nordrhein-Westfalen, eine Weiterbildungseinrichtung für Vollzugsbeamte. Sie soll später den Namen des früheren Bundespräsidenten Gustav Heinemann tragen. Das Gebäude wird auf einem Grundstück auf dem Fritzberg errichtet. Den Spatenstich vollzog am 24. September 1984 Landesjustizminister Dr. Dieter Haak.

Eine andere Landeseinrichtung ist in Ost schon beheimatet: die Landesanstalt für Ökologie, Landesentwicklung und Forsten, kurz *LÖLF.* Sie hat in dem ehemaligen Kufus-Gebäude zu einem großen Teil ihr Zuhause gefunden. Die Hauptanstalt liegt an der Leibnizstraße im Stadtteil Hillerheide.

Bei dem Hinweis auf das Kufusgebäude wird unversehens auch ein unrühmliches Kapitel aus dem Buch unseres Stadtteils aufgeschlagen. Noch am 8. August 1971 konnte die Recklinghäuser Zeitung berichten: „Zum Jubiläum macht die Firma Kufus den Bürgern ein Geschenk: 50 000,- DM für das Ikonenmuseum." 1973 wurde die Firma Kufus 60 Jahre alt. „Die Gebrüder Kufus haben für die Belegschaft nun am 3. November ein Fest geplant, das mit Hazy Osterwald und Roberto Blanco allerhand Unterhaltung verspricht."

Knapp drei Jahre später sahen die Schlagzeilen in den örtlichen Zeitungen so aus:

„450 Mitarbeiter der Baugesellschaft Kufus sind seit heute arbeitslos" (Recklinghäuser Zeitung vom 24.9. 1976).
„OB führt Kufus-Pleite auf Fehldispositionen zurück". (WAZ vom 30.9. 1976)
Aber diese Kufus-Pleite war nicht nur mit einem Desaster für die betroffene Belegschaft verbunden, auch beschäftigte die Pleite noch Monate und Jahre die Gerichte. Die Verfahren endeten mit Verurteilungen von Verantwortlichen der Geschäftsführung mit Freiheitsstrafen und mit einem Unbehagen bei der Ost/Hillener Bevölkerung, daß durch das fehlerhafte Geschäftsgebaren es in den vergangenen Jahren zu einer derartigen Entwicklung gekommen ist.
Ein Bericht über die Wirtschafts- und Geschäftsstruktur in Ost zu schreiben, kann gegenwärtig, in einer Zeit der Weiterentwicklung des Quellberggebietes, nur eine Zwischenbilanz sein. Nicht nur die Entwicklung des Stadtteils verändert sich, nicht nur die Bedürfnisse, nicht nur die Einschätzung der Bevölkerung. Es wird sich viel tun und das nicht nur in Recklinghausen-Ost. Aber vielleicht wird man im Jahre 2030 wieder einmal die Gelegenheit zur Zwischenbilanz haben, und man sollte sich wünschen, daß man sich zu der Zeit auch noch genauso freuen kann über die Werbebroschüren und Anzeigen von 1984 wie heute über jene Anno 1928.

Zwischen Bergbau und Ackerbau: Recklinghausen Ost 1914.

100 Jahre Schlegel-Brauerei

Von Kurt Parbel

Die wohnen „hinter der Brücke" lautete in der Vergangenheit das oft abwertende Urteil der „Paohlbürger" über den Stadtteil Ost jenseits des Kunibertitores, obwohl „Hillen" schon seit Jahrhunderten geschichtsträchtig war. Der 23. Februar 1877 hat für Ost insofern besondere Bedeutung, als die Erben Maibaum ihren Garten vor dem Kunibertitor an der Horneburger Straße, heute Dortmunder Straße, für 6090 Goldmark an den Bierbrauer Heinrich Krutmann aus Münster verkauften. Er stammte vom Schultenhof Krutmann in Bockum bei Hamm, erlernte im benachbarten Rhynern das Brauen und Backen und kam über Münster nach Recklinghausen. Er erhielt sofort die behördliche Genehmigung zur Anlage eines Dampfkessels - wahrscheinlich der erste in Ost - und nahm mit einem Kompagnon unter der Firma Krutmann & Terboven den Braubetrieb auf. Aber schon 1889, Krutmann war inzwischen ausgeschieden, wurde die Brauerei wegen mangelnder Rentabilität stillgelegt.

Wenige Jahre später, 1892, interessierte sich der Brauer Joseph Pott aus Oelde für das Grundstück mit den aufstehenden Gebäuden, das er für 31 000 Goldmark erwarb. Am 1. April 1893 eröffnete er zusammen mit dem Braumeister August Goebel von der Stern-Brauerei in Kray, heute Essen-Kray, unter dem Namen „Bergbrauerei Pott & Goebel" den Braubetrieb. Der Kuniberg im Stadtteil Ost stand bei der Namensgebung „Bergbrauerei" Pate. Es gehörte sehr viel unternehmerischer Wagemut dazu, in Recklinghausen eine neue Brauerei zu eröffnen, denn sie stand in hartem Wettbewerb mit den Brauereien aus Nachbarstädten wie Dortmund und Bochum, aber auch der 1876 in Recklinghausen gegründeten „Siebelschen Brauerei", deren Gelände an der Cäcilienhöhe am 29. Dezember 1920 von der Stadt zur Errichtung der Polizeiunterkunft gekauft wurde.

Durch Fleiß und anerkannt gute Biere wuchs in dieser Zeit schnellen industriellen Wachstums, die man die "Gründerzeit" nannte, auch der Ausstoß der Bergbrauerei. Die Kapitaldecke war jedoch für Erweiterungsbauten, Rohstoffeinkäufe, Warenkredite und Kundendarlehn zu knapp bemessen. Wahrscheinlich am Ende ihrer finanziellen Möglichkeiten, wurde die Bergbrauerei Pott & Goebel am 9. September 1903 in die „Recklinghäuser Brauerei Aktiengesellschaft, vormals Pott & Goebel", mit einem Kapital von 700 000 Goldmark umgewandelt. Pott und Goebel bildeten den alleinigen Vorstand. Im Aufsichtsrat hatten so bekannte und angesehene Namen wie Werksbesitzer Clemens Mittelviefhaus als Vorsitzer, Bankdirektor Josef Heitmann, Stadtrat Hermann Bresser und Justizrat Franz Markers Sitz und Stimme. Clemens Mittelviefhaus (1857-1916) war eine überragende Persönlichkeit der damaligen Gründerjahre. Ihm gehörte eine Gruppe von Ringziegeleien, und in den Aufsichtsräten zahlreicher Untenehmen war seine Meinung gefragt. Politisch war er Vorsitzender des Nationalen Wahlvereins, wurde in das Recklinghäuser Stadtparlament gewählt und dessen stellvertretender Stadtverordnetenvorsteher. Aber auch Josef Heitmann bedarf besonderer Erwähnung. Er gründete 1894 die „Creditbank Recklinghausen Aktiengesellschaft", deren Leiter er wurde und die bei der Umwandlung der Brauerei in eine AG Kapital einschoß und die Aktien plazierte. Beide Herren ermöglichten das Überleben der Bergbrauerei. Die Nachfolge der Creditbank liegt heute in dem 1901 errichteten Gebäude der Deutschen Bank am Königswall.

Das erste Braujahr 1903/04 schloß mit einem Ausstoß von 24 004 hl ab, 1913/14 waren es bereits 39 288 hl Bier. Das noch vorhandene Ausstoßbuch der Recklinghäuser Brauerei AG ist ein Spiegelbild des wirtschaftlichen Auf und Ab von 1903 bis zu den letzten Suden 1975. Das waren insbesondere der Erste Weltkrieg und Inflation sowie die französische Besatzungszeit von 1923-1925, die eine schwere Belastung und schlimme Drangsal für die Bevölkerung mit sich brachte. Die Lippe war Besatzungsgrenze, und in den beiden Jahren verlor die Schlegel-Brauerei ihre gesamte Kundschaft im Münsterland. Dann kam der Boom der „Goldenen Zwanziger Jahre". Das Braujahr 1928/29 verzeichnete wieder einen Ausstoß von 67 720 hl. Die darauf folgende bedrückende Zahl von sechs Millionen Arbeitslosen im Reich Ende 1931, der Aufschwung in den späteren 30er Jahren, der Niedergang im

Zweiten Weltkrieg und wiederum ein erneuter Boom, der 1966 mit dem höchsten Ausstoß der Braustätte in Ost - 168 176 hl bei 193 Mitarbeitern - erreichte, waren weitere Merkmale der Betriebsentwicklung. Der Personalstand betrug noch wenige Jahre zuvor 226 Mitarbeiter, als noch die alkoholfreien Getränke der Schlör-Gesellschaft in der Brauerei abgefüllt wurden, deren Produktion nach Bochum verlegt worden war.

Aber zuvor war noch als Folge des Ersten Weltkrieges eine wesentliche Veränderung vor sich gegangen: denn die Zeit nach 1918 hatte dieses bedeutende Unternehmen in Ost um ein Jahrzehnt zurückgeworfen. Diese kritische Zeit war für die großen kapitalstarken Brauereien der Nachbarschaft leichter zu überwinden als für die unterkapitalisierten kleineren Brauereibetriebe. Eine Fusionswelle ging im damaligen Reichsgebiet über das Braugewerbe hinweg, und so kam es am 1. Oktober 1920 zu der Verschmelzung der Recklinghäuser Brauerei Aktiengesellschaft vormals Pott & Goebel mit der Schlegel-Scharpenseel Brauerei AG Bochum gegen Umtausch der Aktien im Verhältnis 1:1. Aber im Gegensatz zu den meisten anderen Fusionen blieb die Braustätte in Ost weiterhin bestehen und wurde als selbständiger Betrieb, der „Abteilung Recklinghausen", mit einem Vertriebsgebiet nördlich der Emscher bis hoch in den norddeutschen Raum und auch eigener kaufmännischer Verwaltung neben dem Bochumer Hauptbetrieb geführt. 1966 erreichten beide Braustätten zusammen den Höchstausstoß von 641 000 hl bei 763 Beschäftigten.

Aber zurück zur Schlegel-Brauerei Ost. Sie war schon seit 1920 die einzige Brauerei Recklinghausens und sah sich der Tradition alten handwerklichen Brauchtums verpflichtet, da Braurechte in dieser Stadt seit dem frühen Mittelalter nachzuweisen sind. Dem früheren Stadtarchivar Dr. Heinrich Pennings verdanken wir fundierte Kenntnisse über das florierende Brauhandwerk in der mittelalterlichen Stadt. Die „Grut" war damals das einzige Würzmittel des Bieres, das vom erzstiftischen Grutmeister des Landesherrn, des Erzbischofs von Köln, gegen Entgelt bezogen werden konnte. Gruthaus und Grutmeister sind in der zweiten Hälfte des 13. Jahrhunderts nachweisbar. 1466 erhielt die Stadt auf volle 80 Jahre die Grutsteuer als Pfand, mit der sie einen wesentlichen Teil ihres

Haushalts bestritt. Als 1500 die Hälfte der Stadt durch eine Feuersbrunst zerstört wurde, erhob der Magistrat eine Sonderbelastung je Gebräu. Und beim nächsten Großbrand 1686 verloren von den 15 Brauern allein sieben ihre Häuser. Doch nach einer Hausliste von 1789 sind wieder 13 Recklinghäuser im Besitz eines Brauhauses, das man sich technisch denkbar einfach ausgestattet vorstellen muß.
So war sich die Schlegel-Brauerei alter Handwerkskunst bewußt, der sich auch einer seiner markantesten Chefs, „dä olle Kipp", annahm. Gemeint ist Brauereidirektor Josef Kipp (1886-1961), der eine kaufmännische Lehre in der Ziegelei Clemens Mittelviefhaus absolviert hatte und 1905 als Buchhalter in die Brauerei eintrat. Mittelviefhaus war zwei Jahre zuvor Vorsitzer des Aufsichtsrats der Brauerei geworden und holte den neunzehnjährigen Kipp in den Betrieb. Der erhielt 1911 Prokura, wurde 1921 Direktor und konnte 1955 sein 50jähriges Dienstjubiläum feiern. Kipp, als plattdeutscher Autor gut bekannt, gab dem Bürgerleben Recklinghausens viele Impulse, die auch in der Verleihung der „Großen Stadtplakette" durch Rat und Verwaltung aus Anlaß seines Jubiläums ihren Ausdruck fanden. Auch der Fußgängerweg neben der ehemaligen Brauerei hält als „Josef-Kipp-Stiege" die Erinnerung an ihn aufrecht. Sein letzter Nachfolger als Leiter der Brauerei von 1962 bis 1975 - Verfasser dieses Artikels - war ebenso bemüht, die Recklinghäuser Braustätte in den Mittelpunkt geselligen Lebens zu stellen. So wurden u.a. seit 1963 jeweils am 11. im 11. die Stadtprinzenpaare vorgestellt, und für die Partnerstädte Douai, Preston und Dordrecht war der Schalander, der Gemeinschaftsraum der Bierbrauer, eine Stätte der Begegnung mit Rat und Verwaltung und Bürgerschaft.
Damit wurde eine Tradition fortgesetzt, die mit der Beteiligung der Brauerei an der 700-Jahrfeier der Stadt (1936) einen absoluten Höhepunkt gefunden hatte. Die Recklinghäuser wissen aber noch heute zu schätzen, mit welchem Engagement die Brauerei den Prinzenwagen für den Rosenmontagszug ausstattete und den Nikolauszug der Altstadt mit hübschen Figuren bereicherte.
Der 26. April 1963 war ein weiterer Höhepunkt in der jüngeren Geschichte der Schlegel-Brauerei; denn durch Oberbürgermeister Heinrich Auge, MdB, wurde das erste Faß des neuen Pre-

miumbieres „Vest-Pils" angeschlagen. Im Norden der Bundesrepublik griff die Pilswelle stürmisch um sich, und beinahe mit Methoden der Waschmittelwerbung, also einer massiven Werbung ohne inhaltlich wesentliche Aussagen, drängten Mitbewerber in den Markt. Und zur Abwehr sollte ein neues Produkt, ein Spezialbier Pilsener Brauart hergestellt werden. Es war Dr. jur. Adolf Scharpenseel, der sich vom Bochumer Vorstand der AG mit viel Liebe der Betreuung der Recklinghäuser Braustätte widmete und den Namen „Vest-Pils" vorschlug. Rat und Stadt wurden gebeten, die Genehmigung zur Führung des Stadtwappens zu geben, das jetzt eine Dominante der Werbung wurde. Mit „Vest-Pils" ging es stetig aufwärts. Im Stadtteil Ost beheimatet, expandierte die Schlegel-Brauerei ständig und überzog den norddeutschen Raum mit Großhandelsvertretungen. In Flensburg-Kupfermühle am deutsch-dänischen Schlagbaum war es die nördlichste Gaststätte, in der Vest-Pils ausgeschenkt wurde.

Die stürmische Entwicklung verlangte Erweiterungsbauten, so 1965 ein Lagerkeller mit 250 000 hl Kapazität und 1967 ein modernes Sudhaus, auf 450 000 hl ausgelegt. Der Name der Schlegel-Brauerei hatte einen so guten Klang, daß die weltbekannte Brauerei Arthur Guiness Son & Ltd., Dublin/Irland, ihr die Generalvertretung für Westdeutschland übertrug. Guiness Stout wurde in Recklinghausen auf Flaschen gefüllt.

In den 60er und Anfang der 70er Jahre konnten die Mitarbeiter der Schlegel-Brauerei stolz auf das Netz westdeutscher Vertretungen mit ihren Schwerpunkten in Hamburg, Kiel, Lübeck, Flensburg, Wilhelmshaven schauen, abgesehen von dem schon seit jeher belieferten westfälischen Raum. Doch merkwürdig die Erfahrung: Je weiter von Recklinghausen-Ost entfernt, um so mehr wurden die Schlegel-Erzeugnisse anerkannt, insbesondere „Vest-Pils", das sich auch im Wettbewerb mit Brauereiriesen im Versandgebiet durchsetzen konnte. Es ist vielleicht eine besondere Mentalität der heimischen Spezies Mensch, daß nach dem alten Bibelwort (Math. 15,11) der Prophet nichts in seinem Vaterlande gilt.

Aber die Zeit eilte weiter. Im Zuge wirtschaftlicher Konzentration im deutschen Braugewerbe wurde die Schlegel-Scharpenseel-Brauerei AG zum 1. Januar 1971 durch Aktienumtausch im Ver-

hältnis 1:1 mit der Dortmunder Union-Brauerei AG verschmolzen. Die Westfalenbank und die Maschinenfabrik Eickhoff, beide in Bochum, die jeweils eine Schachtelbeteiligung von 25% an den Braustätten in Bochum und Recklinghausen hielten – die Privatbrauerei Jacob Stauder in Essen als 3. Hauptaktionär, besaß weitere 12% – sahen die Rendite des Unternehmens als nicht mehr ausreichend an, bewilligten sich selbst noch 1970 eine Erhöhung des Aktienkapitals aus Gesellschaftsmitteln 3:1 auf 9,6 Millionen und gaben ihre Beteiligung an die Dortmunder Union ab.
„Die haben sich aber noch 'nen großen Schluck aus der Pulle genommen", meinte damals ein Kleinaktionär.
Aber das Fusionskarussell drehte sich weiter. Zum 1. Juli 1972 folgte die Fusion der DUB-Gruppe mit der Schultheiss-Gruppe zur Dortmunder Union Schultheiss Brauerei AG. Zu dieser Fusion hatten die Hauptaktionäre Bayerische Hypotheken- und Wechselbank und die Dresdner Bank miteinander gestrickt.
Am 1. April 1975 übernahm Wolfgang Höselbarth, ein Mitarbeiter der Schultheiss-Brauerei, die Leitung der Schlegel-Brauerei in Bochum, und im gleichen Monat wurde auch der letzte Sud in Recklinghausen gekocht und der technische Betrieb nach Bochum verlagert. So endete eine fast hundert Jahre bestehende Brauerei, in der schon Vater und Großvater gearbeitet haben und deren familiäres Betriebsklima weithin bekannt war.
Heute künden nur eine schlichte Bronzetafel auf dem alten Betriebsgelände, auf dem der „Reichsbund" 174 Wohnungen baute: „An dieser Stelle befand sich bis zum Jahre 1975 die Schlegel-Brauerei, die Geburtsstätte des Vest-Pils" und der Straßenname „Zum Alten Brauhaus" von der Braustätte. Keine Jahreszahl erinnert an die Gründung und damit an die lange Tradition dieser letzten Brauerei in Recklinghausen. „Vest-Pils" lebt aber fort und wird mit steigender Beliebtheit verlangt, doch nunmehr in den großen Braukesseln der Dortmunder Union Brauerei gekocht und in deren Kellern bis zur Reife gelagert. Trauer um den Verlust der alten Braustätte in Recklinghausen-Ost, Trauer nicht nur für den Stadtteil, nein, für Recklinghausen und die gesamte Region. Aber die Schlegel-Brauerei als letzte Brauerei Recklinghausens ist schon ein Stück Geschichte!
Daran erinnerte – wieder einmal – die Dortmunder Union-Braue-

Erste Brauerei in Ost: Pott & Göbel, 1902, später Schlegel-Brauerei

Nur noch Erinnerung: Schlegel-Brauerei an der Dortmunder Straße

Zu Preußens Zeiten: Ehemalige Eisenbahn-Werkstätte, Ansichtskarte von 1913

Station ohne Halt: Stillgelegter Bahnhof Ost

rei, als sie am 30. Juni 1984 auf dem Gelände der alten Schlegel-Brauerei ein großes Straßenfest veranstaltete.

Prominente Politiker unter den zahlreichen Besuchern, insbesondere aus dem Stadtteil Ost, waren der Oberbürgermeister von Dortmund und derzeitiger Präsident des Deutschen Städtetages, Günter Samtlebe, und Recklinghausens Oberbürgermeister Erich Wolfram MdB.

Erinnerung an die Anfänge: Briefkopf der alten Bergbrauerei Pott & Goebel.

Das Eisenbahn-Ausbesserungswerk (AW)

Von Gert Dieter Dunke

Das Bundesbahn-Ausbesserungswerk Recklinghausen zählte früher einmal zu den großen Arbeitgebern in unserer Stadt und besonders auch für Ost, obwohl es auf der Hillerheide – dem früheren Hillener Weidegebiet – lag. Jetzt befindet sich dort das „Preston Barracks" genannte NATO-Depot der Britischen Rheinarmee.

Viele der Beschäftigten des Ausbesserungswerkes wohnten früher auf der Hillerheide und in Ost in der Nähe des Bahnhofs, aber man konnte sie auch im ganzen Oster Raum finden.

Ein für den Stadtteil so bedeutsames Ereignis wie der erste Spatenstich fand auch in den Schulchroniken seinen Niederschlag. So berichtet die Chronik der Liebfrauenschule 1907: „Die Anlage einer Eisenbahnhauptwerkstätte an der Maybachstraße in Recklinghausen wurde in Angriff genommen."

Die Festschrift zum 50jährigen Bestehen des Werkes berichtet darüber folgendes: „Die Planungen zur Errichtung einer neuen Güterwagenwerkstatt gehen bis auf das Jahr 1906 zurück, und zwar wurde im Gegensatz zu den früher überwiegend als Gemischtwerke mit Lokomotiv- und Wagenausbesserung gebauten Werkstätten von vornherein ein Einzweckwerk nur für die Behandlung von Güterwagen geplant. Bei der Platzwahl wies die Verlagerung des Bergbaues von der Ruhr nach Norden in die Emschergegend und die 1907 (richtig wohl: 1905) eröffnete Hamm-Osterfelder Bahn, die als nördlichste Ost-Westverbindung den stark angestiegenen Güterverkehr zur Entlastung der südlicheren Ruhrgebietsstrecken aufnehmen sollte."

Recklinghausen mußte dabei allerdings mit Lünen konkurrieren, aber unsere durch den Bergbau aufblühende Stadt erhielt den Vorzug nicht zuletzt deswegen, weil sie „der Eisenbahn ein etwa 200 000 qm großes Gelände in einer noch völlig unerschlossenen Gegend im Südosten der Stadt, der „Hillerheide", kostenlos zur Verfügung stellte." Da das Gelände noch Erweiterungsmöglichkeiten bot, fiel der Eisenbahn anscheinend die Entscheidung nicht sehr schwer. Aber ein Punkt wurde doch übergangen: „Zum Schaden des Werkes wurde aber kein Gewicht auf einen Einspruch der Bergbautreibenden gelegt, die schon damals vor Schwierigkeiten wegen zu erwartender Bergschäden warnten, nachdem das Bergamt Dortmund dem Bau trotz dieses Einspruchs zustimmte. Im Jahre 1907 wurde der erste Spatenstich getan."

Zuerst wurde eine 100 x 200 m große Richthalle (später erweitert) mit Nebengebäuden gebaut, im Februar 1909 kamen die ersten Arbeitskräfte aus anderen Werken des Ruhrgebietes, die zunächst nur mit Einrichten und Einräumen beschäftigt waren. Soweit noch feststellbar, wurde der 16. April 1909 als der Tag der offiziellen Inbetriebnahme angesehen. Zunächst waren es nur 70 Mann, die die Arbeit aufnahmen, aber Ende 1909 waren es schon über 400. „Wegen des erhöhten Bedarfs an Güterwagen im Ersten Weltkrieg stieg die Zahl der Arbeiter dann auf etwa 700 Mann. Für die eingezogenen Werksbediensteten wurden in größerer Zahl Kriegsgefangene und auch Frauen eingesetzt."
Vom November 1923 an wurde das Werk im Zuge der Ruhrbesetzung ein Jahr lang von den Franzosen genutzt. Etwa 1930 sank die Zahl der Beschäftigten wegen der Weltwirtschaftskrise. Dann wurden 500 Mann von Dortmund nach Recklinghausen verlegt, „für die in Werksnähe Wohnungen gebaut wurden." Durch diesen Zuwachs stieg die Zahl der Beschäftigten auf etwa 1200.
Erst der Zweite Weltkrieg brachte einen weiteren Anstieg. „Wieder wurden die eingezogenen Bediensteten durch Kriegsgefangene, Fremdarbeiter und auch Frauen ersetzt, so daß, bedingt durch den wachsenden Arbeitsumfang, die Zahl der Beschäftigten auf etwa 2500 stieg und damit den absoluten Höchststand erreichte."
Nach 1945 sank die Zahl erheblich, stieg aber langsam wieder auf 1700. Anfang 1959 waren es noch knapp 1400. Der Bevölkerungszuwachs auf der Hillerheide und in Ost führte auch zu steigenden Schülerzahlen. So heißt es in der Chronik der Evangelischen Volksschule an der Bochumer Straße: „Infolge des wirtschaftlichen Aufschwungs, den die Hillerheide besonders durch die Anlage der Eisenbahnbetriebswerkstätte im Jahre 1909 erlebte, stieg die Schülerzahl immer mehr."

Viele Jahre lang konnte man in der Mittagspause ein charakteristisches Bild beobachten: Dutzende von Arbeitern schauten über die lange Umfassungsmauer zur Maybachstraße und warteten darauf, daß ihnen ihre Frauen oder Kinder das Mittagessen brachten. Transportiert wurde dies entweder in einem „Henkelmann" genannten Topf oder in einer Menage, mehreren übereinandergestellten Emailschüsseln, die durch einen Tragegriff gehalten wurden. Sobald das Essen übergeben worden war, verschwanden die Arbeiter, um ihre Mahlzeit zu verzehren, bevor sie kalt wurde. Über die Leistungen des Werkes berichtet die Festschrift, daß das Werk Recklinghausen von Anfang an auf die Reparatur von Güterwagen spezialisiert war. Die Vielzahl verschiedener Typen brachte nach 1945 die Spezialisierung auf offene Güterwagen, die besonders im Ruhrgebiet viel gebraucht wurden.

Zur Organisation des Werkes heißt es: „In den ersten Jahren war die gesamte Fertigung in fünf Werkmeistereien zusammengefaßt, und zwar eine für die Schmiede, eine für die Dreherei mit angeschlossener Werkzeugaufarbeitung, zwei für die Schlosserei (Richthalle) und eine für die Schreinerei und Lackiererei. Jede dieser fünf Werkmeistereien unterstand einem Werkmeister mit zwei Werkführern. Für den Umtrieb der Wagen war ein Wagenschreiber eingesetzt. Über allen diesen stand der Betriebsingenieur." Dieses einfache Organisationsschema wurde komplizierter, als die Arbeit an Wagen in der Richthalle vom Standverfahren auf Fließarbeit und Tauschverfahren umgestellt wurde. Etwa ab 1924 wurden Großraumwagen gebaut, die durch Boden- oder Seitenklappen entleert werden konnten. Nach mehreren Versuchstypen entstand schließlich ein Wagen, „der alle Forderung(en) der Verfrachter erfüllte." „Bis auf eine kurze Unterbrechung war das AW Recklinghausen einziges Erhaltungswerk dieser Großraumwagen."

Zum „Sozialwesen" erfahren wir u. a.: Das Werkskasino war Zentrum vieler Aktivitäten wie z. B. der Konzerte des Gesangvereins. Es gab auch einen „Eisenbahn Turn- und Sportverein", eine Fotogruppe, Kleingärtner und Schachfreunde. Aufschlußreich war auch die soziale Arbeit des Personalrates.

Warum wurde ein solches „gut erhaltenes und leistungsfähiges Werk, das wirtschaftlich arbeiten kann und den Vergleich mit

anderen Werken nicht zu scheuen braucht", denn eigentlich geschlossen? Der Grund wurde bereits im Vorwort der Chronik angegeben: Es wurde deutlich bemerkt, daß „dafür kein wirtschaftlicher Gesichtspunkt sondern allein der Grund maßgebend war, daß Recklinghausen im Bergsenkungsgebiet liegt und sich im Werksgelände, besonders in der großen Richthalle, im Laufe der Jahre ein Gefälle des Bodens herausgebildet hat, das nach den gesetzlichen Bestimmungen nicht zulässig ist."
So blieb es dem Werksdirektor, Bundesbahnoberrat Nobbe, nicht erspart, den am 17. 7. 1959 gefaßten Beschluß zur Schließung und Auflösung des Werkes in einer Betriebsversammlung mitzuteilen. Bis Ende 1959 wurde die Belegschaft auf die Hälfte verringert, und viele Beschäftigte wurden zu anderen Dienststellen zwischen Duisburg und Dortmund versetzt. Größere Werkstatteile wurden stillgelegt, der Rest arbeitete, so gut es ging, weiter. Etwa ein Jahr später kam das endgültige Aus. Das Bundesbahn-Ausbesserungswerk hörte nach einem halben Jahrhundert auf zu bestehen.

Der Bahnhof Recklinghausen-Ost

Am 1. Mai 1905 wurde die Bahnstrecke Hamm-Osterfeld in Betrieb genommen, am gleichen Tage der Bahnhof Recklinghausen-Ost eröffnet. Die Linie diente vorwiegend dem Kohlentransport, und so gewannen die beiden Recklinghäuser Bahnhöfe an der Strecke – neben Ost noch Suderwich – nie besondere Bedeutung für den Personenverkehr.
Der Oster Bahnhof war also vier Jahre älter als das Ausbesserungswerk, und er sollte es auch überleben – um etwa 13 Jahre. Der Personenverkehr wurde am 31. Mai 1983 eingestellt, nur der große Rangierbahnhof mit einer Güterabfertigung blieb noch in Betrieb.
Seinen Höhepunkt hatte der Bahnhof 1913, als von hier allein über 1 Million Tonnen Kohle versandt wurden. „Im März 1945 wurde der Bahnhof Ost völlig zerstört. 84 Bombentrichter zählten die Eisenbahner, die bereits Ende April ihren Dienst mit den ersten Aufräumungsarbeiten wieder aufnahmen. Weder Güter- noch

Reisezüge konnten verkehren" (Ruhrnachrichten). Das änderte sich aber bald: Der Rangierbahnhof wurde ausgebessert, die Ruine des Empfangsgebäudes notdürftig repariert. Heute ist der Güterbahnhof Anschlußstelle für ein benachbartes mittelständisches Gewerbegebiet, von dem aus zwar keine Massengüter mehr verladen werden, das aber den Bahnhof wirtschaftlich gesund erhält.

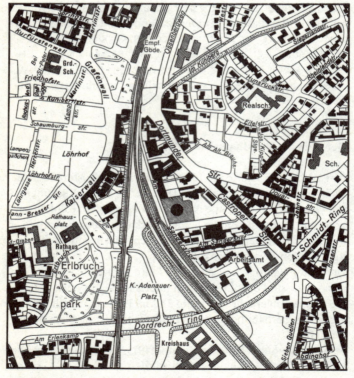

● Kultur- und Freizeitzentrum "Depot"

Das Straßenbahndepot

Von Gert Dieter Dunke

„Die elektrische Straßenbahnlinie Herne-Bruch-Recklinghausen wurde 1897 gebaut und am 26.2.1898 ihrer Bestimmung übergeben. Die ‚Kraftstation' war von 1897 bis 1913 Betriebsbahnhof der Straßenbahn. Die Kraftstation an der Ecke Bochumer Straße/Kölner Straße wurde Ende 1982 abgerissen. Von 1913 bis 1982 (Einstellung der Straßenbahnlinien) war das Straßenbahndepot an der Castroper Straße Betriebsbahnhof." (Rekonstruierte Schulchronik Reitwinkelschulen für 1897 bis 1924). Von diesem Betriebsbahnhof in Ost, allgemein ‚Straßenbahndepot' genannt und mit diesem Namen auch im Stadtplan von 1914 verzeichnet, soll im folgenden die Rede sein; denn neben der Eisenbahn mit ihrem Ausbesserungswerk auf der Hillerheide war die Straßenbahn einer der bedeutenderen Arbeitgeber in Recklinghausen-Ost.

Im Jahre 1907 war mit den Bauarbeiten für die Linie von Recklinghausen nach Suderwich, das damals noch selbständige Gemeinde war, begonnen worden. Die Chronik der Oster Liebfrauenschule berichtet dazu: „Da Schwierigkeiten mit den Anwohnern der Suderwicher Straße (heute ‚Hillen') wegen Abtretung von Grundstücken zwecks Anlage einer elektrischen Straßenbahn entstanden, so beschloß der Magistrat eine neue Straße, die heutige Kronprinzenstraße (= Castroper Straße) zu bauen. Die Erdarbeiten wurden im Jahre 1907 fertiggestellt." Am 7. April 1909 wurde die Linie eröffnet, ebenso die Linie nach Erkenschwick (15.12.1909). Gerade außerhalb der alten Stadtwälle, an der damaligen „Actien-Brauerei", wo sich die beiden Linien trennten, wurde der Betriebsbahnhof Recklinghausen errichtet. Er war einer von insgesamt vier Betriebshöfen und hatte auch ein Umformwerk. Die Castroper Straße hieß auf dem ersten Stück dort noch „Hiller Weg". Der Betriebshof war, wie das Anfangszitat deutlich macht, nicht der einzige in unserer Stadt, aber der in Süd gelegene gehörte der bis 1939 selbständigen Straßenbahn Herne-Baukau-Recklinghausen. Von ihm soll nicht weiter die Rede sein.

Schon 1915 waren auf Initiative des ‚Landkreises' alle Einzellinien, die von unterschiedlichen Trägern betrieben wurden, zu einer einheitlichen Gesellschaft („Vestische Kleinbahnen") zusammengefaßt worden. Vom 7. Februar 1940 an wurde der Name in „Vestische Straßenbahnen GmbH" geändert. 1944 beschäftigte die Gesellschaft 1450 Mitarbeiter, davon waren 670 – kriegsbedingt – weiblich. Wieviele davon in unserem Stadtteil wohnten, läßt sich nicht mehr feststellen.

Unmittelbar nach dem Ersten Weltkrieg wurde die Straßenbahn in wachsendem Maße zu Gütertransporten, besonders von Baumaterial, herangezogen. Deshalb erhielt die Ziegelei Gertz an der Strecke nach Erkenschwick ein besonderes Anschlußgleis. Diese Ziegelei, eine von insgesamt sieben Ziegeleien in Ost (1914), lag unmittelbar jenseits der damaligen Stadtgrenze im nördlichen Winkel der Kreuzung von Ostcharweg und Dortmunder Straße. Die Festschrift „Vestische Straßenbahnen GmbH 1901–1976" berichtet auf Seite 75: „An der Castroper Straße in Recklinghausen hatte man im Jahre 1913 einen dritten Betriebshof eingerichtet. Durch Umbauten wurde seine Kapazität bis auf 90 Straßenbahnwagen erweitert, die in der 13gleisigen Wagenhalle Platz fanden. Für weitere Ausbauten war Gelände freigehalten worden. Dazu kam es jedoch nicht."

Kleinere Reparaturen konnten in Recklinghausen ausgeführt werden, größere Arbeiten wurden in Herten erledigt. Das Umformwerk in Recklinghausen auf dem Gelände des Betriebshofes bezog seinen Strom aus dem öffentlichen Netz – nach 1945 produzierte die „Vestische" selbst überhaupt keinen Strom mehr. Seit 1943 war in Recklinghausen von Umformer- auf Gleichrichterbetrieb umgestellt worden, die Leistung betrug 2 x 375 kW.

Um 1960 standen im Betriebshof Recklinghausen 36 Triebwagen und sechs Beiwagen. Damit war das 1928 durch Erweiterung geschaffene Fassungsvermögen von 90 Wagen nur zur Hälfte ausgenutzt. „Die Ursache liegt in der Teileinstellung des ostwestfälischen Netzes" (Festschrift, Seite 86). Ab etwa 1960 begann nämlich die Stillegung von Teilstrecken bzw. die Umstellung von Straßenbahn auf Omnibus, wie es z. B. auch mit der Linie 3 geschah (1962), die nur noch von Recklinghausen bis zur Suderwicher Heide führte. Sie verlief direkt am „Straßenbahndepot" vorbei durch

3. Oktober 1982: Letzte Fahrt vom Straßenbahndepot in Ost. Abschied von der Straßenbahn in Recklinghausen

Castroper Straße heute: Ennings Autozentrum Stadtmitte gegenüber der Einmündung der Dortmunder Straße. Links im Hintergrund der Turm des Löhrhofcenters

Stadtsparkasse vor Ort: Zweigstelle Castroper Straße, eine von drei Filialen in Ost

Laden Anno dazumal: Geschäft Anton Winter, Castroper Straße 45, um 1925, heute Gremme

Moderner Städtebau in Ost: Geschäftszentrum und Wohnungen Am Quellberg

Ein Heim für alte Leute: Pawlowski-Wehme an der Windthorststraße

Typisch Ost: Blick von der Straße Neuhillen (hinter dem Oster Saalbau) über die Douaistraße auf den Schornstein der ehemaligen Schlegel-Brauerei und den Turm der Propsteikirche St.-Peter

Ost. Bis 1970 und 1975 waren so viele Straßenbahnstrecken stillgelegt worden, daß nur ein Rumpfnetz bestehen blieb. Die Gleiszufahrt zum Betriebshof blieb bis zuletzt bestehen. 1982 verschwand dann mit den Wagen der Linie 8/18 die letzte Straßenbahn aus dem Recklinghäuser Stadtbild. Damit wurde der Betriebshof überflüssig.
1965 hatte die Vestische noch 1451 Beschäftigte. Das entsprach fast genau der Zahl von 1944. Bis 1969 wurde jedoch der Stand um 350, also fast ein Viertel, vermindert. Betroffen wurde dadurch sicherlich auch Recklinghausen-Ost. Genaue Zahlen gibt es aber hierzu nicht. 1983 wurde der ganze Komplex großzügig umgebaut. Die Vestische hatte den Betriebshof an die Stadt verkauft, die ihn wenig später an einen Privatmann weitergab. Dieser baute mit einem Kostenaufwand von fast sieben Millionen die alten Gebäude zu einem Freizeitcenter mit Disco und Kegelbahnen um. Die Ruhrfestspiele mieteten einen Teil als Probebühne und für ihre Werkstätten. Bereits 1983 brachte das Ensemble dort einige seiner Produktionen auf die Bretter, die die Welt bedeuten. Etwa 70 Jahre hatte der Betriebshof seinen Zweck erfüllt, bis er zu diesem, für ihn ganz neuen Leben erwachte.

Die Straßen und ihre Namen

Von Joseph Rosenkranz

Die Castroper Straße und die Dortmunder Straße sind die Hauptverkehrsadern im Ortsteil Ost/Hillen.
Ausgehend vom gemeinsamen Schnittpunkt bzw. der Einmündung an der ehemaligen Schlegel-Brauerei führt der Straßenverlauf in nordöstlicher bzw. südwestlicher Richtung, wobei die Castroper Straße nach etwa 1,4 km ebenfalls einen östlichen Verlauf nimmt. Die nordöstliche Grenze des Stadtteils wird durch den Höhenweg und im Anschluß durch den Ostcharweg bestimmt.
Die Dortmunder Straße hieß früher Horneburger Straße. Die Castroper Straße wurde als sogenannte Chaussee 1895 gebaut. Sie führte von Recklinghausen über Hillen und Berghausen nach Röllinghausen. Dieser Straßenbau war bereits 1868/70 geplant. Die Verlängerung dieser Strecke wurde über Suderwich bis 1901 nach Henrichenburg (Hebewerk) geleitet. Das erste Teilstück der Castroper Straße hieß „Hiller Weg". Der Straßenzug verlief dann über die heutige Straßenbezeichnung „Hillen". Der Teil der heutigen Castroper Straße vom Eingang „Hillen" bis zum Ausgang dieser Straße wurde erst 1908 angelegt und hieß Kronprinzenstraße. Sie war mit Kopfsteinen gepflastert. Die Suderwicher Straße führte durch den Ortskern Hillen. Sie war vom Abzweig der heutigen Straße „Hillen" chaussiert und hatte kaum einen Bürgersteig. In den beiderseitigen Straßenrinnen wurden Abwasser und Regenwasser mangels Kanalisation in den inzwischen versiegten Heuwiesengraben abgeleitet.
Zwischen den beiden Hauptstraßen führt der Frankenweg (heute Douaistraße, benannt nach der französischen Partnerstadt Douai), über den Fritzberg durchs Johannistal nach Suderwich. Die Wege von der früheren Suderwichstraße durch die Heuwiesen nach Berghausen dienten den Bauern als Zufahrt zu den Akker- und Wiesenflächen.
Der Graveloher Weg von der Castroper Straße zur Dortmunder Straße war bis etwa 1920 ein unbefestigter Hohlweg mit vielen Tiefen und Löchern. Die Jahnstraße, Rosenstraße, Liebfrauen-

straße und Oststraße (heute „Sieben Quellen") waren ebenfalls unbefestigt.
Die Straßennamen wurden um 1900 eingeführt. So war lt. Einwohnerverzeichnis von Hillen aus dem Jahre 1885 der Ortsteil nur mit Hausnummern versehen; denn es gab nur wenige Straßen.
Die „Vestischen Straßenbahnen" errichteten am 15. Dezember 1909 mit der Linie 2 und am 7. April 1909 mit der Linie 3 den Linienbetrieb im Hillener Raum. Die Linie 2 führte vorerst bis Erkenschwick, später etappenweise als Ringverkehr über Datteln, Suderwich und Recklinghausen-Hillen bis zum Hauptbahnhof. Die Linie 3 verlief über Suderwich in umgekehrter Richtung. Die Umstellung von Straßenbahnen auf Busbetrieb folgte am 29. Mai 1960 mit der Linie 2, am 3. Juni 1962 mit der Linie 3. Der Betriebsbahnhof der „Vestischen Straßenbahnen", der die Straßenbahnen des Recklinghäuser Verkehrs aufnahm, wurde 1913 gebaut und 1982 an die Stadt Recklinghausen verkauft. Der Betriebsbahnhof lag am Beginn der Castroper Straße.
Neben den Hauptlinien nach Oer-Erkenschwick und Suderwich befährt die „Vestische Straßenbahn" noch das Quellberggebiet.
Nach dem Zweiten Weltkrieg wurden durch die rege Bautätigkeit bis in die heutige Zeit viele neue Straßen erforderlich. Diese werden noch mit Namen, Namensgebern und Daten im Artikel aufgeführt.
Nach dem Anschluß der Hohenzollernstraße durch den Dordrechtring an den Ortsteil Ost wird diese Strecke mehr und mehr als Hauptverkehrsader – insbesondere als schnellster Autobahnzubringer genutzt. Jedoch findet der weiterführende Verkehr in Ost keine dem zusätzlichen Verkehr gerechten Straßen vor. So quält sich jeweils morgens und abends der Verkehr besonders durch die anliegenden Straßen. Die seit über zehn Jahren geplante Verkehrsentlastung durch den Ausbau des August-Schmidt-Ringes scheiterte bisher vorwiegend am Einspruch gegen die Bebauungspläne und an fehlenden Finanzmitteln. An der bisher fehlenden Nord-Süd-Tangente wird bereits schon über 60 Jahre geplant.
Der künftige August-Schmidt-Ring soll an die ebenfalls geplante Landstraße 889 angebunden werden und dort für den Verkehrsabfluß nach Oer-Erkenschwick und Suderwich sorgen.

Von den eher ruhigen Ausfallstraßen Dortmunder Straße und Castroper Straße vor 15 bis 20 Jahren haben sich diese zu den Hauptverkehrsadern in Recklinghausen entwickelt, so daß in Spitzenzeiten bis zu 2500 Fahrzeuge stündlich gezählt werden.
Seit geraumer Zeit versucht die Stadtverwaltung, durch geeignete Maßnahmen der Verkehrsraserei im Quellberg Einhalt zu gebieten. So wurden verkehrsberuhigte Zonen durch Aufpflasterungen und Zeichnungen mit Beschriftungen auf den Straßenasphalt eingeführt.

Nun jedoch zu den Straßen mit ihren Namen und Bezeichnungen:

1. Straßen mit Namen deutscher Nordseeinseln:

Sylt, Juist, Borkum, Nordsee, Pellworm, Langeoog, Wangerooge, Föhr, Neuwerk und Ameland (Niederlande)
Die Straßen wurden etwa in den Jahren 1970 bis 1982 ge- und bebaut.

2. Straßen mit Namen bedeutender deutscher Persönlichkeiten:

von-Ketteler
Kirchenpolitiker der dtsch. kath. sozialen Bewegung (1811–1877) Wilhelm Emanuel Freiherr von Ketteler

von-Bodelschwingh
Evang. Theologe, Leiter der Anstalt Bethel (1831–1910) Friedrich von Bodelschwingh

Kardinal-von-Galen
Theologe, Priester, Kämpfer gegen den Nationalsozialismus (1878–1946) Clemens August Graf von Galen

Franz-Hitze
Kath. Theologe, Sozialpolitiker (1851–1921)

Klausener
Kath. Politiker und Landrat in Recklinghausen (1885–1934)
Dr. Erich Klausener

Die Straßen wurden etwa in den Jahren 1950 bis 1956 ge- und bebaut.

3. Straßen mit deutschen Landschaftsnamen:
Hunsrück, Eifel, Rheinland, Westerwald, Münsterland, Siegerland.
Die Straßen wurden etwa in den Jahren 1960 bis 1970 ge- und bebaut.

4. Straßen mit Strauch- und Blumennamen:
Haselnuß, Holunder, Fliederbusch, Tulpen, Dahlien, Rosen.

5. Straßen mit ortsbezogener Bedeutung bzw. Persönlichkeiten

		Bezeichnung am
Am Sandershof	alter Bauernhof in Hillen	29. 11. 1954
Am alten Brauhaus	bezogen auf die Schlegel-Brauerei	26. 3. 1979
Sieben Quellen	nach dem Quellgebiet und dem Hellbach	1926
Abdinghof	ältester Bauernhof abgabepflichtig der Abtei Essen-Werden	13. 2. 1967
Am Goddenhof	auf dem Gelände des alten Goddenhofes, vormals Catagenastraße	22. 12. 1971

Quellen und Literatur

Akten und Urkunden des Stadtarchivs Recklinghausen, des Herzogl.-Arenbergischen Archivs, des Gräfl.-Westerholter Archivs, des Petrus-Pfarrarchivs, des Stadtarchivs Herten, des Staatsarchivs Münster

Alldieck, Hermann, Chronik der Volksschulen im Stadtgebiet Recklinghausen (handschriftl.) Recklinghausen 1930

Archiv der Christlich-Demokratischen Union CDU, Bonn

Archiv der Vestischen Straßenbahnen Herten

Bahne, Siegfried, Die Bürgermeisterei Recklinghausen im dritten Jahrzehnt des 19. Jh., Die Chroniken des Bürgermeisters Joseph Wulff (1820–1829) in: Vestische Zeitschrift, Bd., 77/78, Recklinghausen 1979

Befragungen ortskundiger Bürger

Bette, Ludwig, Von Marken und Gemeinheiten im Vest Recklinghausen, in: Die Heimat in Vergangenheit und Gegenwart, Recklinghausen 1926

Bongartz, Von Karneval und anderen Festen im alten Recklinghausen und Herzogtum Westfalen, in: Die Heimat in Vergangenheit und Gegenwart, 7. Jg., Recklinghausen 1930

Brandt, Karl, Heimische Ortsnamen mit der Endung -heim, in: Vestische Zeitschrift, Bd. 65, Recklinghausen 1950

Brathe, Heinrich, Wie Hillen ward, in Hillen einst und jetzt, Recklinghausen 1950

Burghardt, Werner und Liselotte, Chronik zweier Bauernhöfe im Vest Recklinghausen, Delmenhorst 1981

Burghardt, Werner, Siekmann, Kurt, Recklinghausen – Kleine Stadtgeschichte Recklinghausen 1971

Bußmann, Ernst, Die Ortsnamen des Kreises Recklinghausen, in: Alt-Recklinghausen, Recklinghausen 1922

Cammerer, Anneliese, Oster Bahnhof hat einem ganzen Stadtteil das Gepräge gegeben, in: Ruhr-Nachrichten vom 10. 3. 1973

Dorider, Adolf, Geschichte der Stadt Recklinghausen in den neueren Jahrhunderten (1577–1933), Recklinghausen 1955

Dorider, Adolf, Die innere Berechtigung der Aufteilung der alten Gemarken und Gemeinheiten, in: Die Heimat in Vergangenheit und Gegenwart, 3. Jg., Recklinghausen 1926

Dunke, Gert Dieter, Die SPD in Ost/Hillen 1946–1981, Recklinghausen 1981

Feldhues, Das Bauernhaus in Westfalen und im Vest Recklinghausen, in: Recklinghäuser Zeitung vom 4. 3. 1929

Festschriften:
- 50 Jahre Bundesbahn-Ausbesserungswerk Recklinghausen, Recklinghausen 1950
- Kollegschule Kuniberg, Recklinghausen, Recklinghausen 1981
- Vestische Straßenbahnen GmbH, 1901-1976, Herten 1976

Gladen, Albin, Wirtschaftlicher und sozialer Wandel Recklinghausens unter den Bedingungen der Industrialisierung, in: Der Kreis Recklinghausen, Stuttgart 1979

Gläntzer, Ländliches Wohnen vor der Industrialisierung, Hg. Volkskundl. Kommission, Münster 1980

Der Große Herder, Freiburg 1954, 1956, 1957

Kötzschke, Rudolf, Rheinische Urbare, Urbare der Abtei Werden a. d. Ruhr, Bd. 2 und 3, Bonn 1906 und 1917

Masch, Konrad, Der Verlauf der Recklinghäuser Landwehren in: Die Heimat in Vergangenheit und Gegenwart, Recklinghausen 1926/27

Müller-Wille, Wilhelm, Westfalen, Landschaftliche Ordnung und Bindung eines Landes, Münster 1952

Pennings, Heinrich, Geschichte der Stadt Recklinghausen und ihrer Umgebung, Bd. I u. II, Recklinghausen 1930 u. 1936

Privatarchiv Reddemann, Recklinghausen, Register der Straßennamen der Stadt Recklinghausen

Sandkühler, Franziska, Aus Heimat und Familie, Recklinghausen 1955

Sartori, Paul, Westfälische Volkskunde, Leipzig 1922

Schmülling, Wilhelm, Über Hausinschriften im Vest Recklinghausenn, in: Kirchhellen, 8, 1979

Von Schnurbein, S., Vor- und Frühgeschichte, in: Der Kreis Recklinghausen, Stuttgart 1979

Schulbauten in Recklinghausen-Ost, in: Recklinghäuser Zeitung vom 30.7.1910

Schulen:
- Chronik der kath. Hilfsschule Recklinghausen-Altstadt (heute Sonderschule Jahnstraße), 1920-1946 und 1960-1975
- Chronik der vierklassigen kath. Volksschule Recklinghausen Hillen 1901-1919
- Chronik der kath. Gemeinschaftshauptschule Canisiusstraße, 1965-1981
- Liste der schulfähigen Kinder in: Hillen, 1812, in Schülerliste des Schulbezirks der Stadt Recklinghausen, Stadtarchiv
- Schulchronik II der ev. Volksschule Jahnstraße, 1933-1965
- Schulchronik der kath. Volksschule Liebfrauenstraße, 1901-1966

Topographische Karte von der Neuaufnahme durch die „Königlich Preußische Landesaufnahme" 1892–1912, Die Stadt Recklinghausen, dargestellt in Karten und Plänen, Vermessungsamt und Stadtarchiv Recklinghausen, Recklinghausen 1975

Urkunden der Höfe Hütter-Budde, Knüver und Quinkenstein gnt. Bross

Vestische Zeitschrift, Bd. 1, Recklinghausen 1891 ff.

Westfälisches Urkundenbuch, Bd. I, Nr. 100, 101, 693, 694, 250, 803; Bd. 7, Nr. 9, 14, 82, 1858, 2039

Willeke, Friedrich (Hg.), Recklinghausen, Berlin 1928

Wolf, Manfred, Die Geschichte des Kreisgebietes bis 1816, in: Der Kreis Recklinghausen, Stuttgart 1979